実用フランス語技能検定試験

仏検対策
聴く力
演習

田辺保子
西部由里子
著

MP3
CD-ROM 付

2級

駿河台出版社

表面

実用フランス語技能検定試験（2級）書き取り／聞き取り 試験 解答用紙

会場名

氏名

会場コード　受験番号

書き取り試験注意事項　（書き取り試験解答欄は裏面にあります。）

フランス語の文章を、次の要領で4回読みます。全文を書き取ってください。

- 1回目、2回目は、ふつうの速さで全文を読みます。内容をよく理解するようにしてください。
- 3回目は、ポーズをおきますから、その間に書き取ってください（句読点も読みます）。
- 最後に、もう1回ふつうの速さで全文を読みます。
- 読み終わってから3分後に、聞き取り試験に移ります。
- 数を書く場合は、算用数字で書いてかまいません。（配点 14）

書き取り試験　採点欄

聞き取り試験

1　解答番号　解答欄　採点欄
(1)
(2)
(3)
(4)
(5)

2
(1) ① ②
(2) ① ②
(3) ① ②
(4) ① ②
(5) ① ②
(6) ① ②
(7) ① ②
(8) ① ②
(9) ① ②
(10) ① ②

記入およびマークについての注意事項

1. 解答には必ずHBまたはBの黒鉛筆（シャープペンシル可）を使用してください。
2. 記入は太線の枠内に、マークは○の中を正確に塗りつぶしてください（下記マーク例参照）。採点欄は塗りつぶさないでください。
3. 訂正の場合は、プラスチック製消しゴムできれいに消してください。
4. 解答用紙を折り曲げたり、破ったり、汚したりしないでください。

マーク例
良い例　悪い例

裏面

2級書き取り試験　解答欄

はしがき

　本書は実用フランス語技能検定試験（仏検）2級レベルの聴く力を身につけるための問題集です．

　フランス語の文法事項をひととおり覚え，新聞や雑誌の記事，文学作品などが読めるようになっても，フランス語で会話をすると相手の話についていけなくなってしまったり，ニュースや映画のフランス語が聞き取れず，がっかりした経験はありませんか？

　文字を見て理解できる事柄を音で聞いてもわかるようにするには，ただ単にフランス語が日常的に耳に入るような環境を作るだけでは十分ではありません．ポイントを押さえた勉強法が必要なのです．

　さて，仏検2級の書き取り・聞き取り試験で出題されるのは，以下の3種類の問題です．
1. 70語程度のテキストを全文書き取る．
2. 5つ程度の応答からなる対話を聞いて，それに対する質問にフランス語文の穴埋め形式で答える．
3. 200語程度のテキストを聞き，続いて読まれるそれについて述べられているフランス語文の正誤を判断する．

　本書はこれら3種類の問題に習熟することを大きな柱としていますが，試験問題を解くための準備運動となる「トライアル問題」を多数収録しています．
　例えば書き取り問題の場合，まず単語書き取りをして，間違えやすい綴り字をチェックしたり，聞き分けにくい音に耳を慣らしたりします．次に短文

書き取りをして，1つの音が聞こえたときにどのような綴り字の可能性があるのかという観点から，リエゾンやエリジョンといった発音の約束事や文法知識の整理を行います．ここでつかんだコツは，対話やテキストの聞き取りにも有効です．最後に実際の試験と同じ形式の問題を解き，間違えやすいポイントを確認します．

このように段階ごとの学習を積み重ねることにより，自分の弱点がどこにあるのかが見つけやすくなるでしょう．ＣＤを繰り返し聞き，間違えた問題を何度も解き直すことで確実に耳が鍛えられるはずです．

また本文中で何度も言及していますが，聞き取り力を補ってくれるのは文法的な知識とこれまで蓄えてきた語彙力です．新しい単語や熟語を覚えたり，動詞の活用を確認するなど基本的な勉強を怠らないでください．地道な努力は必ず実を結びます．

意味のわからない音のかたまりが個々の単語に分解されて聞こえたとき，目の前の霧が晴れたような爽快感を味わうことができると思います．本書により，仏検2級取得やフランス語力の更なる向上を目指す学習者の皆さんが1つの壁を乗り越えるためのお手伝いができれば，大変嬉しく思います．

最後になりましたが，テキストを大変丁寧に校閲していただきましたロランス・ベルナール＝ミルティル先生，本書執筆のさまざまな過程で貴重なご助言をいただきました駿河台出版社上野大介氏に心からの感謝を申し上げます．

著 者

目　次

第 1 部

		page
第 1 章	単語書き取りトライアル	7
第 2 章	紛らわしい音を含む短文の書き取り	17
第 3 章	仏検対策　書き取り問題	49

第 2 部

		page
第 4 章	数の聞き取りトライアル	59
第 5 章	仏検対策　聞き取り問題 1	64
第 6 章	同意語・反意語連想トライアル	87
第 7 章	仏検対策　聞き取り問題 2	92

第 3 部

		page
第 8 章	書き取り・聞き取り　模擬試験（1）	113
第 9 章	書き取り・聞き取り　模擬試験（2）	122

第1部

		page
第1章	単語書き取りトライアル	7
第2章	紛らわしい音を含む短文の書き取り	17
第3章	仏検対策 書き取り問題	49

第1章 単語書き取りトライアル

　書き取りが上達するためには，何よりもまず個々の単語の綴り字を正確に覚えることが必要です．

　そこで，基本語の綴り字の復習から始めましょう．CD を聞きながら，空欄の語を書き取ってください．ここでは以下のように練習問題ごとに注意する項目を決め，仏検 2 級の書き取り試験によく出題される単語を集めました．解説を読みながら知識を整理しておきましょう．

> 問題 1　綴り字記号に注意すべき単語
> 問題 2　発音されない語末の子音字，語末の -e を含む単語
> 問題 3　二重子音字（子音が 2 回繰り返されること）を含む単語
> 問題 4　聞き分けが難しい音（l と r, b と v, eu / œu と ou）を含む単語，英語に綴り字が似ている単語

　各問題の最初の 5 題は訳例とヒント（💡）がついています．注意する事項を確認してから残りの 10 題に進んでください．解答のポイントとなる箇所は太字で示してあります．特に注意してください．

　なお，問題 2・3・4 の解説にある単語リストは，仏検 2 級の書き取り問題で出題された単語を参考にしています．

問題 1 綴り字記号に注意すべき単語 [▶解答 p.10]

① Vous êtes (　　　) allé à Montréal ?
「あなたは前にモントリオールに行ったことがありますか？」
💡 2箇所にアクサンが付きます．方向に注意しましょう．

② Cette région est (　　　) pour ses fromages.
「この地方はチーズで有名です．」
💡 ①同様2箇所にアクサンが付きます．方向に注意しましょう．

③ Mon frère (　　　) fait ses études de médecine.
「私の兄は医学の勉強をしています．」
💡 accent circonflexe に注意しましょう．

④ C'est ce professeur qui a (　　　) le prix Nobel de physique.
「ノーベル物理学賞を受賞したのはこの教授です．」
💡 recevoir の過去分詞が入ります．サ行の音を出す cédille に注意しましょう．

⑤ On se retrouve cet (　　　), vers 4 heures.
「今日の午後4時頃にまた会いましょう．」
💡 「午後」を表すこの名詞には trait d'union (-) が必要です．

⑥ Elle s'est promenée dans le jardin du Luxembourg avec sa (　　　).

⑦ Elle est plus (　　　) que moi de 2 ans.

⑧ (　　　) m'étonne qu'elle soit si (　　　).

⑨ Ma petite-fille croit vraiment que le père (　　　) existe.

⑩ (　　　)-moi tes ciseaux, je ne trouve pas les miens.

⑪ Elles seront (　　　) d'accord.

⑫ Nous l'avons attendue devant l'(　　　) d'autobus pendant un quart d'heure.

⑬ Il a fait des (　　　) en espagnol.

⑭ Venez vous asseoir à (　　　) de moi.

⑮ Elles ont les (　　　) chaussures toutes les deux.

問題 2 発音されない語末の子音字，語末の -e を含む単語 [▶解答 p.11]

① Au Japon, l'(　　　) scolaire commence en avril.
「日本では学校の新年度は4月に始まります．」
💡 期間を表す語は -ée の語尾となるものが多くあります（journée, matinée, soirée など）．語末の -e は発音されません．

② L'avion est en (　　　) de 40 minutes sur l'horaire.
「飛行機は定刻より40分遅れています．」
💡 語末の -d は発音されません．

③ C'est un (　　　) bien payé.
「これは給料のよい仕事です．」
💡 語末の -er は [e] と発音される場合と，[ɛr] と発音される場合があります．単語ごとに確認しましょう．

④ Ça fait (　　　) mois que je n'ai pas de nouvelles d'Agnès.
「私がアニエスの近況を聞かなくなってもう何ヶ月にもなります．」
💡 語末の -s は発音されません．

⑤ Décidez-vous (　　　), après ce sera trop tard.
「今決めてください，後では遅すぎます．」
💡 語末の -t は発音されません．

⑥ Elle travaille dans cette pâtisserie depuis (　　　).

⑦ Le prix des terrains est (　　　) cher dans ce quartier.

⑧ Ils habitent au 98 (　　　) Montparnasse.

⑨ Bonnes vacances et à la (　　　) !

⑩ Cette lycéenne était assise au premier (　　　).

⑪ Je vais (　　　) à la piscine avec mes cousins.

⑫ Quoi qu'il arrive, il faut maintenir la (　　　).

⑬ Nous habitons au (　　　).

⑭ Elle est (　　　) prudente pour faire ce travail.

⑮ J'aimerais prendre rendez-vous chez le dentiste demain dans la (　　　).

ヒントと解説・解答

問題 1 ヒントと解説

どの文字にどのような綴り字記号が付くのか確認しましょう．

綴り字記号

アクサン・テギュ (accent aigu)：	é
アクサン・グラーヴ (accent grave)：	à è ù
アクサン・シルコンフレックス (accent circonflexe)：	â ê î ô û
トレマ (tréma)：	ë ï ü
セディーユ (cédille)：	ç
トレ・デュニヨン (trait d'union)：	-

⑥「彼女は祖母と一緒にリュクサンブール公園を散歩しました．」
　grand-mère は書き取りでは頻出単語です．grand には e が付きません．綴り字記号を忘れないようにしましょう．ちなみに，「祖父」は grand-père，「祖父母」は grands-parents，「孫」は petit-fils, petite-fille, petits-enfants です．

⑦「彼女は私よりも 2 歳年上です．」
　形容詞ですから主語 (elle) に性・数を一致します．

⑧「彼女がそんなにお人よしだとは意外です．」
　naïf, naïve と男性形にも女性形にも i に tréma が必要です．tréma が付くと，その母音字は直前の母音字と分けて発音されます．

⑨「私の孫娘はサンタクロースがいると本当に信じています．」
　e に tréma が付きます．

⑩「君のはさみを貸して．自分のが見つからないんだ．」
　e に accent circonflexe が付きます．

⑪「彼女たちは多分賛成でしょう．」
　e の accent circonflexe と trait d'union を忘れずに．

⑫「私たちはバス停の前で彼女を 15 分間待ちました．」
　動詞 arrêter にも accent circonflexe が付きます．

⑬「彼はスペイン語が上達しました．」
　e に accent grave が付きます．語末の -s は発音されません．

⑭「私の隣に座りにいらしてください．」
　アクサンを忘れると，cote「（株や為替などの）相場」，côte「肋骨，海岸，坂道」という異なる単語になるので要注意です．

⑮「彼女たちはふたりとも同じ靴を持っています．」
　chaussures に一致するので複数形です．

解答

① déjà　② célèbre　③ aîné　④ reçu　⑤ après-midi
⑥ grand-mère　⑦ âgée　⑧ Ça, naïve　⑨ Noël　⑩ Prête
⑪ peut-être　⑫ arrêt　⑬ progrès　⑭ côté　⑮ mêmes

問題 2 ヒントと解説

語末の子音字（c, f, l, r は除く），語末の -e は発音されません．

⑥「彼女はずっと前からこのケーキ屋で働いています．」
💡 longtemps の g, p, s は発音されないので注意しましょう．その前の単語 depuis の語末の -s も発音されません．

⑦「このあたりの地価はかなり高いです．」

⑧「彼らはモンパルナス大通り 98 番地に住んでいます．」

⑨「よいヴァカンスを，そしてまた新学期にお会いしましょう！」

⑩「この女子高校生は最前列に座っていました．」

⑪「私はいとこたちと一緒にときどきプールに行きます．」
💡 同義語の parfois も語末の -s は発音されません．

⑫「何が起ころうとも，平和を保たなければなりません．」

⑬「私たちは 1 階に住んでいます．」
💡 trait d'union が 2 回使われます．

⑭「彼女はこの仕事をするには慎重すぎます．」

⑮「私は明日の午前中に歯医者の予約を取りたいのですが．」

解答

① année　② retard　③ métier　④ plusieurs　⑤ maintenant
⑥ longtemps　⑦ assez　⑧ boulevard　⑨ rentrée　⑩ rang
⑪ quelquefois　⑫ paix　⑬ rez-de-chaussée　⑭ trop　⑮ matinée

語末に特徴のある覚えておきたい単語（上記の単語を除く）

-ée ： cheminée, dictée, lycée, musée, poupée

-er ： boulanger, cahier, étranger, léger, policier, premier

-ère ： arrière atmosphère, bière, caractère, colère, derrière, frontière, lumière, manière, mystère, rivière

-ant ： amusant, avant, charmant, devant, enfant, indépendant, intéressant, passionnant, pendant, pourtant

-ent ： bâtiment, client, content, évidemment, excellent, médicament, souvent, moment, violent, vraiment

-eux ： curieux, dangereux, délicieux, ennuyeux, heureux, merveilleux, précieux, sérieux, vieux

問題 3　二重子音字を含む単語　[▶解答 p.14]

① La conférence que nous avons organisée a eu un grand (　　　　).
「私たちが企画したシンポジウムは大成功を収めました.」
💡 -cc- を含む「成功」を表す名詞です.

② Permettez-moi de vous présenter mes (　　　　).
「私の同僚たちを紹介させてください.」
💡 -ll- を含む「同僚」を表す名詞です.

③ (　　　　), la vie n'est pas toujours facile.
「もちろん人生はいつも容易なものとは限りません.」
💡 -mm- を含む「もちろん」を表す副詞です. -ant, -ent で終わる形容詞から作る副詞は語尾が -mment となります (abondant → abondamment, prudent → prudemment など).

④ À l'occasion de son (　　　　), nous avons organisé une fête.
「彼(女)の誕生日に私たちはパーティーを企画しました.」
💡 -nn- を含む「誕生日」を表す名詞です.

⑤ Qu'est-ce que tu (　　　　) à ta sœur !
「君はなんて君の姉(妹)に似ているんだろう!」
💡 -ss- を含む「似ている」という動詞の活用形です.

⑥ Elle a montré son (　　　　) au contrôleur.

⑦ J'essaie d'aller chez le (　　　　) au moins une fois toutes les 3 semaines.

⑧ Où est-ce que je peux mettre mes (　　　　) ?

⑨ Le match a été (　　　　) à cause du typhon.

⑩ Ils habitent un appartement dans un (　　　　) de 40 étages.

⑪ J'ai oublié de coller un timbre sur l'(　　　　).

⑫ Je (　　　　) beaucoup de ne pas avoir assisté à cette réunion.

⑬ Il faut apprendre la conjugaison des verbes (　　　　).

⑭ Elle a rempli le (　　　　) à toute vitesse.

⑮ Mes parents ont (　　　　) Jacques à l'aéroport.

問題 4　聞き分けが難しい音を含む単語，英語に綴り字が似ている単語

[▶解答 p.15]

① Je n'ai jamais (　　　) de thé à la menthe.
「私はミントティーを飲んだことがありません。」
💡 b と v の問題です．「飲む」という動詞の過去分詞です．

② Je n'ai jamais (　　　) de baleines.
「私はクジラを見たことがありません。」
💡 b と v の問題です．「見る」という動詞の過去分詞です．

③ Mon (　　　) était de devenir photographe.
「私の夢はカメラマンになることでした。」
💡 l と r の問題です．「夢」を表す名詞です．

④ Le rideau se (　　　), le spectacle va commencer.
「幕が上がり，ショーが始まります。」
💡 l と r の問題です．「上がる」を表す代名動詞の一部です．

⑤ Je (　　　) présente mes meilleurs (　　　) pour la nouvelle année.
「謹賀新年」
💡 ou [u] と œu [ø] の音の聞き分けは難しいです．意味を考えながら書き取りましょう．

⑥ Si tu es (　　　) demain, on va ensemble à la (　　　) pour acheter des (　　　) ?

⑦ Cet athlète a gagné (　　　) à son entraîneur.

⑧ Vous voulez une (　　　) à quel parfum ?

⑨ Elle était assise sur le (　　　) blanc.

⑩ Le (　　　) souffle du nord.

⑪ Au (　　　) de la réunion, il avait mal au (　　　).

⑫ J'ai laissé mon (　　　) dans la salle d'attente.

⑬ Il faut résoudre les (　　　) de circulation dans Tokyo.

⑭ J'ai passé un (　　　) médical le mois dernier.

⑮ Tu as déjà (　　　) ce (　　　) ?

ヒントと解説・解答

問題 3 ヒントと解説

重ねられることが多い子音字は c, f, l, m, n, p, r, s, t です．
下の単語リストも参考にして，二重子音字を含む単語をまとめておきましょう．

⑥「彼女は車掌に切符を見せました．」
⑦「私は少なくとも 3 週に 1 回は美容院に行こうと思っています．」
⑧「私の持ち物をどこに置いたらいいでしょうか？」
⑨「台風のために試合は中止となりました．」
⑩「彼らは 41 階建てのマンションに住んでいます．」
⑪「私は封筒に切手を貼るのを忘れました．」
⑫「私はこの集まりに参加しなかったことを大変残念に思っています．」
⑬「不規則動詞の活用を覚えなければいけません．」
⑭「彼女は大急ぎで書類に記入しました．」
⑮「私の両親はジャックと一緒に空港に行きました．」

解答

① su**cc**ès ② co**ll**ègues ③ Évide**mm**ent ④ a**nn**iversaire ⑤ re**ss**embles
⑥ bi**ll**et ⑦ coi**ff**eur ⑧ a**ff**aires ⑨ a**nn**ulé ⑩ i**mm**euble
⑪ envelo**pp**e ⑫ regre**tt**e ⑬ i**rr**éguliers ⑭ do**ss**ier ⑮ a**cc**ompagné

――― 二重子音を含む覚えておきたい単語（上記の単語を除く）―――

-cc-	: accepter, accès, accident, accord, occasion, occuper
-ff-	: différent, difficile, effort, effet, offrir, suffisant
-ll-	: ballon, collège, coller, conseiller, embouteillage, gentillesse, meilleur, merveilleux, pull, surveiller, ville
-mm-	: comme, commencer, femme, homme, programme
-nn-	: connaître, donner, panne, personnage, stationnement
-pp-	: appartement, applaudir, apprendre, frapper, opposition
-rr-	: arracher, arrêter, arriver, corriger, pierre, terrasse
-ss-	: assister, casser, classe, dépasser, embrasser, essayer, passer, possible, professeur, réussir, vitesse
-tt-	: attaquer, attendre, attraper, mettre, serviette

問題 4 ヒントと解説

⑥ 「もし明日ひまだったら一緒に本屋に行って本を買う？」
💡 b と v の聞き分けです．「ひまな」を表す形容詞，「本」，「本屋」が入ります．

⑦ 「この選手はコーチのおかげで勝ちました．」
💡 l と r の聞き分けです．「〜のおかげで」の構成単語です．

⑧ 「どんなフレーバーのアイスクリームがいいですか？」
💡 l と r の聞き分けです．「アイスクリーム」を表す名詞です．

⑨ 「彼女は白いベンチに座っていました．」
💡 b と v の聞き分けです．「ベンチ」を表す名詞です．

⑩ 「風は北から吹いています．」
💡 b と v の聞き分けです．「風」を表す名詞です．

⑪ 「会議の間，彼は吐き気がしていました．」
💡 ou と œu の聞き分けです．「〜の間」，「吐き気がする」の構成単語が入ります．

⑫ 「私は待合室に傘を置き忘れました．」
💡 1 つの単語の中に含まれる l と r を聞き分けましょう．

⑬ 「東京の交通問題を解決しなければなりません．」
💡 ⑫ と同じく 1 つの単語中の l と r を区別し，b の音も聞き取ってください．

⑭ 「私は先月健康診断を受けました．」
💡 英語の exam(ination) との綴り字の違いに注意しましょう．

⑮ 「もうこの雑誌を読んだ？」
💡 lire「読む」の過去分詞です．rue「通り」との音の違いに要注意です．「雑誌」は英語と同じ綴り字ですが，フランス語の magasin「店」と間違わないように気を付けましょう．

解答

① **b**u ② **v**u ③ **r**êve ④ **l**ève
⑤ **v**ou**s**, **v**œux ⑥ **l**ibre, **l**ib**r**ai**r**ie, **l**iv**r**es ⑦ g**r**âce ⑧ g**l**ace
⑨ **b**anc ⑩ **v**ent ⑪ c**ou**rs, c**œu**r ⑫ pa**r**ap**l**uie
⑬ p**r**ob**l**èmes ⑭ examen ⑮ **l**u, magazine

綴り字を間違えやすい単語（既出単語を除く）

- **l と r に注意する単語**

    lait ↔ raie　　　lien ↔ rien　　　lit ↔ riz　　　long ↔ rond

    ＊1語の中に l と r が含まれる単語

    agréable, laboratoire, malgré, réfléchir, relation, religion

- **b と v に注意する単語**

    bain ↔ vin　　　base ↔ vase　　　beau ↔ vaut (< valoir)
    bien ↔ viens (< venir)　　　bon ↔ vont (< aller)
    bol ↔ vol　　　boue ↔ vous

    ＊1語の中に b と v が含まれる単語

    bavard, bouleverser, brave, favorable, novembre, véritable

- **eu / œu と ou に注意する単語**

    deux ↔ doux　　feu ↔ fou　　jeu ↔ joue　　leur ↔ lourd
    peur ↔ pour　　queue ↔ cou　　nœud ↔ nous　　sœur ↔ sourd

- **英語との綴り字の違いに注意する単語**

フランス語	英語	フランス語	英語
adresse	address	mariage	marriage
aéroport	airport	parfait	perfect
économique	economic	professeur	professor
exemple	example	promesse	promise
exercice	exercise	thé	tea
hôtel	hotel	théâtre	theater
leçon	lesson	université	university

第2章 紛らわしい音を含む短文の書き取り

　フランス語は同じ発音，または似たような発音で意味の異なる単語の多い言語です．

　たとえば「ラ」と聞こえたとします．可能性を考えてみましょう．定冠詞の la，直接目的語代名詞の la，副詞の là，形容詞の las などが浮かんでくるでしょう．

　さらに文中では単語と単語の音のつながりや，省略される現象も出てきます．たとえば同じく「ラ」で考えてみますとアンシェヌマンが起きている il a やエリジヨンで l'a, l'as などがあります．また我々日本人が不得意な r で始まる単語かもしれません．

　こうした文を書き取る場合，発音される音だけに頼って聞いていては誤解が生じやすく，正しくとらえることが難しい場合があります．そのような場合には文脈から考えていくことが重要です．どのような文脈か，そこから意味をとらえ，可能性を考え，文法の知識を活用してどのケースの「ラ」なのかを探っていくのです．

　第 2 章では複数の可能性が考えられる紛らわしい音を聞き取りそれを正しいフランス語に書き取っていくという練習を短文レベルで行います．

　各練習問題は，紛らわしいポイントとなる発音ごとにまとめています．ポイントを確認し文法の知識を活用しつつ文を書き取ってください．

問題 1 [a] / [ɑ]	問題 2 [e] / [ɛ]
問題 3 [e] / [ɛ]（続き）	問題 4 [i]
問題 5 [u]	問題 6 [o] / [ɔ]
問題 7 [ã] / [ɛ̃] / [œ̃]	問題 8 [ã] / [ɛ̃]（続き）
問題 9 [ɔ̃]	問題 10 [ɔ̃]（続き）

間違えやすい同音異義語

問題 11 [lœr]	問題 12 [kɛl]
問題 13 [vɛr]	問題 14 [kar] / [kur]
問題 15 [ɛr]	問題 16 [fɛt] / [fwa]

動詞中心の問題

問題 17 語末の [e]

問題 18 同一 –er 動詞の語尾の発音（ranger の場合）

問題 19 同一動詞の活用形や語尾の発音（avoir の場合）

問題 20 同一動詞のいろいろな活用形の発音（mettre の場合）

注　説明文中では，直接目的語代名詞は「直目」，間接目的語代名詞は「間目」と省略してあります．

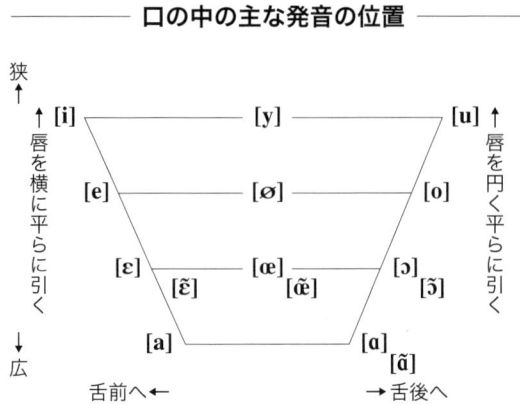

口の中の主な発音の位置

問題 1 ①〜⑧の( )の中に各一語を, ⑨⑩は全文を書き取りましょう. [▶解答 p.20] (エリジヨンは一語とします)

① Elle ( ) ( ) le match de tennis ( ) ( ) télévision de 16 heures ( ) ( ) ( ) de ( ) soirée.
② Tu ( ) ( ) faire ce qu'il ( ) demandé.
③ ( ) ( ) du froid hier, ( ) ( ) attrapé un rhume. ( ) ( ) ( ) ( ) ( ) tête ce matin.
④ ( ) mère ( ) envoyé(e) acheter 2 ( ) ( ) ( ) crème dans cette pâtisserie.
⑤ ( ) façon de ( ), ( ) me plaît.
⑥ Il n'est ( ) important de ( ) qui ( ) ( ) ce ( ).
⑦ Il ( ) obligé à prendre ( ) avec ( ) fille.
⑧ Il ( ) fallu faire ( ) ( ) de choses pour achever cette œuvre.

⑨ _____

⑩ _____

＊全文書き取り問題は, 普通の早さで読んだ後, ポーズを入れてゆっくり読み上げています (問題②〜⑬, ⑰〜⑳も同様).

訳例

問題 1 ① 彼女は16時から夜中までテレビでテニスの試合を見ました. ② 君は彼が頼んだことをしさえすればよいのです. ③ 昨日の寒さのせいで彼は風邪をひきました. 今朝彼は頭が痛いです. ④ 母は私に, あのケーキ屋さんにシュークリームを2個買いに行かせました. ⑤ 私は彼(女)の服の着こなしが好きです. ⑥ 誰がこの花瓶を壊したかを知ることは重要ではありません. ⑦ 彼は君に無理やり君の娘と連絡を取らせました. ⑧ この作品を完成させるために私はたくさんのことをしなければなりませんでした. ⑨ 君はその晩は都合が悪いと私に言いました. ⑩ この提案に対する彼(女)の返答が必要です. 我々は首を長くして待っているところです.

問題 1 ヒントと解説

[a] / [ɑ]

　厳密には発音は異なりますが、音を聞き分け綴り字に反映させるのは難しいので、文法の知識や意味で補いましょう。

　[a] と発音する単語には avoir の活用形 a, as, 前置詞 à があります。さらに子音字 l, m, s, t などが付くと、定冠詞の la や所有形容詞の ma, ta, sa、またエリジョンでは否定の ne とともに n'a(s)、代名詞とともに l'a(s), m'a(s), t'a などと展開します。[ɑ] を含む単語には bas, cas, pas, pâte, vase などがあります。

① avoir 活用形と前置詞の [a]。冒頭のアンシェヌマン [la] は定冠詞と同じ発音です。
② エリジョンが [na], [ka], [ta] と 3 箇所起きています。〈n'avoir qu'à ＋不定詞〉は熟語で「～しさえすればよい」。
③ 冒頭の [a] は前置詞です。[la] はアンシェヌマン 3 箇所と定冠詞です。
④ [ma] は所有形容詞とエリジョンです。「シュークリーム」では「付属や特徴」を表す前置詞 [a] が用いられています。*ex.* glace à la vanille, chambre à deux lits
⑤ [sa] は所有形容詞と代名詞です。代名詞「服を着る」にも頭に [sa] があります。
⑥ [a] と [ɑ] が混在した文です。[a] は動詞「知る savoir」の中、複合過去助動詞としての avoir の活用形です。[ɑ] は否定の [pɑ]、動詞「壊す casser」、名詞「花瓶 [vɑz]」に含まれます。
⑦ [ta] はエリジョンと所有形容詞です。〈obliger ＋ à ＋人＋ à ＋不定詞〉は「（人）に～することを強いる、余儀なくさせる」。
⑧ [ma] はエリジョンです。〈il faut ＋ à ＋人＋不定詞（＝ il ＋代名詞＋ faut ＋不定詞）〉は「（人）は～しなければならない」。[tɑ] は熟語「たくさんの」の構成単語です。
⑨ [ma] はエリジョンです。⑧と同音ですが主語が異なります。語末の [la] は副詞です。アクサンを忘れずに。
⑩ 前半の文に所有形容詞 [sa]、後半の文にエリジョンで [la] が含まれます。

読まれるテキスト

問題 1

① Elle **a regardé** le match de tennis **à la** télévision de 16(seize) heures **jusqu'à la fin** de **la** soirée.
② Tu **n'as qu'à** faire ce qu'il **t'a** demandé.
③ **À cause** du froid hier, **il a** attrapé un rhume. **Il a mal à la** tête ce matin.
④ **Ma** mère **m'a** envoyé(e) acheter 2(deux) **choux à la** crème dans cette pâtisserie.
⑤ **Sa** façon de **s'habiller**, **ça** me plaît.
⑥ Il n'est **pas** important de **savoir** qui **a cassé** ce **vase**.
⑦ Il **t'a** obligé à prendre **contact** avec **ta** fille.
⑧ Il **m'a** fallu faire **un tas** de choses pour achever cette œuvre.
⑨ Tu **m'as** dit que tu avais un empêchement ce soir-là.
⑩ J'ai besoin de sa réponse pour cette proposition. On l'attend avec impatience.

問題 2 ①〜⑧の（ ）の中に各一語を，⑨⑩は全文を書き取りましょう． [▶解答 p.22]（エリジヨンは一語とします．数を書き取る場合は数字で書いてください）

① Je （　　） pas acheté ce livre, je （　　） emprunté à la bibliothèque.
② Elle （　　）（　　） de ne pas （　　）（　　） d'accord avec elle sur ce problème.
③ Quand elle （　　）（　　） les cheveux, elle a perdu （　　）（　　） de contact.
④ （　　）（　　） sont trop （　　）．（　　） très mauvais pour la santé.
⑤ À quelle heure （　　）-tu （　　） ce matin ?
⑥ （　　） moi qui （　　） pris （　　）（　　）．
⑦ Je préfère le （　　） nature au （　　）（　　）（　　）．
⑧ En voyant des larmes à （　　）（　　）, il se （　　）．
⑨ _____
⑩ _____

訳例

問題 2 ① 私はその本は買わずに図書館で借りました． ② 彼女は私がその問題について彼女に賛成しなかったことを恨んでいます． ③ 髪を洗っているときに彼女はコンタクトレンズを無くしました． ④ これらの料理は塩辛すぎます．健康にとても悪いです． ⑤ 君は今朝何時に目が覚めましたか？ ⑥ 君からおもちゃを取り上げたのは私です． ⑦ 私はミルクティーよりストレートティーが好きです． ⑧ 私の目に涙を見て，彼は黙りました． ⑨ 君は1時間目の授業に遅刻です．もう9時半です． ⑩ この書き取りは長くて難しいと私は思います．

問題 2　ヒントと解説

[e] / [ɛ]

[e] と発音される単語には接続詞の et, avoir の活用形 ai, [ɛ] は être の活用形 es, est, 動詞 haïr の活用形 hais, hait などがあります．

子音 [s] が付いた [se] には所有形容詞の ses, 指示形容詞 ces, [sɛ] には指示表現〈c'est〉, 代名動詞の複合過去〈s'est〉などがあります．

① 否定の ne, 直目 le がそれぞれ，avoir の活用形 [e] とエリジョンしています．
② 動詞 haïr の h は有音なのでエリジョンはしません．〈être d'accord avec ＋人〉「（人）に賛成である」が複合形になっています．過去分詞は [ete] です．
③ 代名動詞の複合過去の [sɛ] と所有形容詞の [se] に注意しましょう．
④ 冒頭は指示形容詞 [se]，後半は指示表現の [sɛ] です．「塩辛い [sale]」は sel の派生語です．
⑤ se réveiller の複合過去です．〈再帰代名詞 te ＋助動詞 être 活用形〉のエリジョンの [tɛ] に注意しましょう．
⑥ 強調構文で文頭は指示表現の [sɛ] です．〈prendre ＋もの＋ à ＋人〉「（人）から（もの）を取る」では, 助動詞 avoir の前に間目「君から te (t(ə))」が入ってエリジョンが起き [te] となります．所有形容詞も同音の [te] です．
⑦ 「紅茶 [te]」，「ミルク [lɛ]」です．
⑧ 所有形容詞「私の [me]」，代名動詞 se taire の活用形 [tɛ] を含む文です．
⑨ [ɛ] と [e] の綴り字を含む文です．être の活用形 [ɛ]，接続詞の [e] です．
⑩ 「書き取り」は [dikte] と発音し [e] を含みます．「長くて難しい」の部分に接続詞の [e] が入ります．

読まれるテキスト

問題 2

① Je **n'ai** pas acheté ce livre, je **l'ai** emprunté à la bibliothèque.
② Elle **me hait** de ne pas **avoir été** d'accord avec elle sur ce problème.
③ Quand elle **s'est lavé** les cheveux, elle a perdu **ses lentilles** de contact.
④ **Ces plats** sont trop **salés**.　**C'est** très mauvais pour la santé.
⑤ À quelle heure **t'es**-tu **réveillé** ce matin ?
⑥ **C'est** moi qui **t'ai** pris **tes jouets**.
⑦ Je préfère le **thé** nature au **thé au lait**.
⑧ En voyant des larmes à **mes yeux**, il se **tait**.
⑨ **Tu es en retard au premier cours.　Il est déjà 9(neuf) heures et demie.**
⑩ **Je trouve que cette dictée est longue et difficile.**

問題 3 ①〜⑧の（　）の中に各一語を，⑨⑩は全文を書き取りましょう．[▶解答 p.24]（エリジヨンは一語とします）

① Tu me téléphoneras (　) (　) (　) à l'hôtel.
② J'espère (　) (　) qui chantent.
③ Il est nécessaire (　) les conseils (　) (　).
④ Je (　) attendue pendant 2 heures dans ce café. (　) (　) (　) pas (　).
⑤ (　)-(　) médecin ?
— Non, il ne (　) pas encore. (　) (　) interne dans cet hôpital.
⑥ (　) (　) (　) poissons tropicaux. Il a un grand aquarium chez lui pour (　) (　).
⑦ Dites-moi la vérité, (　) (　) de mentir.
⑧ (　) (　) quelque part (　) (　). Je n'arrive pas à me rappeler où je (　) (　) (　).

⑨ _____
_____

⑩ _____
_____

訳例

問題 3 ① ホテルに着いたらすぐ電話ちょうだいね． ② 私は明るい未来を望みます． ③ 友人たちの忠告を聞くことが必要です． ④ 私は彼女をその喫茶店で 2 時間待ちました．でも彼女は来ませんでした． ⑤ 彼は医者ですか？—いいえまだです．あの病院のインターンです． ⑥ 彼は熱帯魚が好きです．飼うために大きな水槽を自宅に持っています． ⑦ 真実を言ってください．嘘はみっともないです． ⑧ どこかに鍵を置き忘れました．どこに置いたか思い出せません． ⑨ 夫とヴァカンスについて意見が合いません． ⑩ 私は興奮を鎮めるために真夜中に温かいミルクを飲むことがよくありました．

問題 3 ヒントと解説

[e] / [ɛ]（続き）

　子音とともに用いられる練習です．子音 [d] が付く **[de]** には不定冠詞 des, **[dɛ]** には前置詞の dès があります．子音 [l] が付く **[le]** には l'ai, 定冠詞の les, **[lɛ]** には代名詞と être の活用形が結び付いて l'es, l'est, 名詞 lait「ミルク」, 形容詞 laid「醜い」などがあります．[m] が付く **[me]** には所有形容詞 mes, **[mɛ]** には名詞 mai「5月」, 接続詞 mais, être とともに m'est などがあります．

① 前置詞「～からすぐ」は時間にも場所にも用いられます．ここの [arive] は名詞です．
② [de] は不定冠詞です．「明るい未来」の表現はフランス共産党のかつてのスローガンです．
③ 非人称構文〈il est nécessaire de + 不定詞〉です．〈de + 不定詞〉に含まれる [de], 不定冠詞と名詞のリエゾン [dezami] に注意しましょう．
④ 〈直目 + avoir 活用形〉のエリジョン [le] です．後半は接続詞 [mɛ],〈否定の ne + être 活用形〉のエリジョン [nɛ] です．直目と主語の性・数を考え, 過去分詞の一致にも注意してください．
⑤ [lɛ] が〈中性代名詞 le + être 活用形〉のエリジョン,〈主語 il + être 活用形〉のアンシェヌマンで見られます．
⑥ 前半の文で文頭の [ilemə] の [le] はアンシェヌマン, 直後の [le] は定冠詞です．後半の文の [le] は, 直目の代名詞です．リエゾンで [leze...] となっています．
⑦ 指示表現の [sɛ] と形容詞「醜い, みっともない」の [lɛ] です．
⑧ [je] は〈je + avoir 活用形〉のエリジョン．[me] は所有形容詞．後半の [leze] は〈代名詞 + avoir 活用形〉のリエゾンです．代名詞が何を受けるか考えて過去分詞に気を付けましょう．
⑨ [de] が accord の反意語 [dezakɔr] の中と「～について〈au sujet de〉」の〈前置詞 de + 定冠詞〉の縮約に見られます．
⑩ 非人称構文〈il arrive + à + 人 + de + 不定詞〉の複合過去です．[mɛ] は〈間目 me + être 活用形〉のエリジョンです．「ミルク」は [lɛ], 動詞「鎮める」は [apeze] です．

読まれるテキスト

問題 3

① Tu me téléphoneras **dès ton arrivée** à l'hôtel.
② J'espère **des lendemains** qui chantent.
③ Il est nécessaire **d'écouter** les conseils **des amis**.
④ Je **l'ai** attendue pendant 2(deux) heures dans ce café.　**Mais elle n'est** pas **venue**.
⑤ **Est-il** médecin ?　— Non, il ne **l'est** pas encore.　**Il est** interne dans cet hôpital.
⑥ **Il aime les** poissons tropicaux.　Il a un grand aquarium chez lui pour **les élever**.
⑦ Dites-moi la vérité, **c'est laid** de mentir.
⑧ **J'ai laissé** quelque part **mes clés**.　Je n'arrive pas à me rappeler où je **les ai posées**.
⑨ **Je suis en désaccord avec mon mari au sujet des vacances.**
⑩ **Il m'est arrivé souvent de me servir du lait chaud en pleine nuit pour apaiser mon excitation.**

問題 4 ①〜⑧の（　）の中に各一語を，⑨⑩は全文を書き取りましょう．

[▶解答 p.26]（エリジヨンは一語とします．数を書き取る場合は数字で書いてください）

① Le directeur (　) (　) la date limite de dépôt de ce rapport à la (　)-(　).
② Ce livre, (　) (　) d'obtenir un (　) (　), se (　) dans le monde entier.
③ Il est entré dans cette banque (　) (　) (　) (　) (　). (　) (　) travaille toujours.
④ (　) j'avais de l'argent, je m'achèterais un (　) (　).
⑤ Elle a demandé à (　) (　) d'acheter (　) (　) comme dessert pour le dîner.
⑥ Depuis cette catastrophe, elle mène une (　) (　). Elle (　) (　) de voir personne.
⑦ J'ai trouvé (　) (　) d'hirondelles (　) (　) (　) de ma maison.
⑧ Cet homme (　) (　) (　) ait touché un pot-de-vin.
⑨ _____
⑩ _____

訳例

問題 4 ① 部長はこの報告書の提出期限を7月半ばにしました．　② この本は文学賞を取ったばかりで世界中で読まれています．　③ 彼は10年前にこの銀行に入り，ずっとそこで働いています．　④ もし私にお金があれば新しいベッドを買うのに．　⑤ 彼女は夕飯のデザートにケーキを6個買うように夫に頼みました．　⑥ あの大災害以後，彼女は孤独な生活を送っています．誰にも会おうとしません．　⑦ 私は家の屋根の下につばめの巣を見つけました．　⑧ この政治家は賄賂を受け取ったことを否定しています．　⑨ オリンピックスタジアム建設のための国際コンペがあります．私はそれに大いに興味があります．　⑩ 規則ではこのマンションでは犬も猫も飼えないことになっています．

問題 4 ヒントと解説

[i]

単独の単語としては y ですが，子音とともに用いられることが多い音です．**[mi]** は mis，接頭辞の mi-, m'y，**[li]** は lis, lit, l'y，**[si]** は si, six, s'y，**[di]** は dis, dit, dix, d'y，**[ni]** は ni, nie, nid, n'y などが考えられます．

① 動詞 mettre の過去分詞と接頭辞「半ば」は同じ発音の [mi] です．
② Ce livre を先行詞とする関係代名詞の [ki] です．近い過去の〈venir de ＋不定詞〉も入っています．「読まれている」は「読む lire」の代名動詞を用います．
③ [li] を含む言い回しです．前置詞句「〜前」は「〜がある」と同じ表現です．[dizɑ̃] の [di] は数字．単独の時は [dis]，次に母音が来ると [diz]，子音が来ると [di] と発音が変わります．後半は〈主語 il ＋中性代名詞〉のアンシェヌマンで [li] となります．
④ 接続詞の [si] は〈si ＋半過去，条件法現在〉の構文で現在の事実に反する仮定を表します．[li] は名詞「ベッド」です．
⑤ ここの [si] は数字です．次の名詞が子音ですから [sis] とはなりません．
⑥ 名詞の [vi] です．動詞 vivre の活用形 vit も同じ発音です．綴り字に注意しましょう．
⑦ [ni] は名詞「巣」です．「屋根の下に」は [i] が含まれませんが基本単語ばかりです．
⑧ 動詞「否定する nier」の活用形の [ni] です．次の [kil] は名詞節を導く〈接続詞 que ＋主語 il〉のエリジョンです．動詞 nier は接続法を要求します．
⑨ 「〜がある」に含まれる [li] です．〈s'intéresser à ＋名詞〉「〜に興味がある」では〈à ＋名詞〉が中性代名詞になり再帰代名詞とのエリジョンで [mi] となります．
⑩ 「規則は〜と言っている」という構文です．動詞 dire の活用形 [di]，後半の否定を列挙するときの接続詞 [ni] に注意しましょう．

読まれるテキスト
問題 4

① Le directeur **a mis** la date limite de dépôt de ce rapport à la **mi-juillet**.
② Ce livre, **qui vient** d'obtenir un **prix littéraire**, se **lit** dans le monde entier.
③ Il est entré dans cette banque **il y a 10(dix) ans**. **Il y** travaille toujours.
④ **Si** j'avais de l'argent, je m'achèterais un **nouveau lit**.
⑤ Elle a demandé à **son mari** d'acheter **6(six) gâteaux** comme dessert pour le dîner.
⑥ Depuis cette catastrophe, elle mène une **vie solitaire**. Elle **n'a envie** de voir personne.
⑦ J'ai trouvé **le nid** d'hirondelles **sous le toit** de ma maison.
⑧ Cet homme **politique nie qu'il** ait touché un pot-de-vin.
⑨ **Il y aura un concours international pour construire le stade olympique. Je m'y intéresse beaucoup.**
⑩ **Le règlement dit qu'on ne peut avoir ni chiens ni chats dans cet appartement.**

問題 5 ①〜⑧の( )の中に各一語を，⑨⑩は全文を書き取りましょう．[▶解答 p.28]（エリジヨンは一語とします）

① ( )( ) savons pas ( ) ils viennent : de ( )( ) de l'est.
② ( )( )-( ) passer vos vacances cet été, à la mer ( ) à la ( ) ?
③ ( )( )( ), ma mère ( )( )( ) avec un ruban.
④ ( )( ) un appartement au centre de la ville. J'imagine ( )( )( ) de la vie est cher ( )( ).
⑤ Il n'y a rien de vrai dans ( )( )( )( ) m'avez raconté.
⑥ ( )( )( ), il y a eu des éclairs. ( )( )( ) se sont cachés ( )( )( ).
⑦ Quand on ( )( )( ), on en voit ( )( ).
⑧ Les employés ne sont pas ( )( )( ) la grève.

⑨ _____

⑩ _____

訳例

問題 5 ① 西からか東からか，彼らがどこから来たか私たちは知りません． ② この夏のヴァカンスはどこで過ごしたいですか？ 海ですか山ですか？ ③ 毎朝，母は私の髪をリボンで結んでくれました． ④ 彼らは街の中心にマンションを借りています．彼らには生活費が高いと思います． ⑤ あなたが私に話したすべてのことに本当のことは何もありません． ⑥ 突然稲妻が光りました．私の子どもたちは皆テーブルの下に隠れました． ⑦ 噂をすれば影がさす． ⑧ 従業員たち全員がストライキに賛成だというわけではありません． ⑨ 一日中雨が降る日は，子どもたちは家で本を読んだりお絵かきしたりしています． ⑩ 新しい大型スーパーが来月家のごく近くにオープンします．

問題 5 ヒントと解説

[u]

単独の単語としては接続詞の ou, 疑問詞, 関係代名詞の où があります。子音が付いて **[tu]** は tous, tout, **[ku]** は cou, coup, coût, **[lu]** は louer の活用形 loue(s) / louent, loup, **[su]** は前置詞 sous, **[nu]** は nous, nouer の活用形 noue(s) / nouent, **[vu]** は vous などがあります。

① 冒頭の [nu] は主語代名詞，否定の ne [n(ə)] と発音が似ています。疑問詞 [u] に前置詞「～から de」が付いてエリジョンが起きています。後半は接続詞 [u] です。その前の名詞「西 ouest」の綴り字にも〈ou〉が含まれますが発音は [west] です。
② 疑問詞と接続詞の [u] です。主語代名詞 [vu] もあります。
③「すべて」の [tu], [nuɛ] は動詞 nouer の半過去です。
④ louer の活用形 [lu], 名詞「費用, 経費」の [ku], 前置詞 pour [puʀ] に [u] が含まれます。J'imagine に続く名詞節を導く接続詞 que は [k(ə)], 強勢形代名詞は eux [ø] です。両方とも耳には [u] と同じように聞こえます。文法, 意味から考えましょう。
⑤「すべて」の [tu] です。[vu] は主語代名詞。
⑥ [tu] は副詞と形容詞の用法が出ています。[ku] は名詞，[su] は前置詞です。
⑦ 諺です。[lu] は「狼」, 文末の「ク」は「しっぽ [kø]」です。前出 ④ の [ku] [k(ə)] と聞き分けは難しいです。文法, 意味から考えましょう。
⑧ ここは代名詞ですから，複数は [tus] と発音します。
⑨ 関係代名詞と接続詞の [u] が使われています。「彼ら」の強勢形にも気を付けましょう。
⑩「開店する」は「開く ouvrir」の代名動詞を用います。「ごく～」は副詞の強めの [tu] です。

読まれるテキスト

問題 5

① **Nous ne** savons pas **d'où** ils viennent : de **l'ouest ou** de l'est.
② **Où voulez-vous** passer vos vacances cet été, à la mer **ou** à la **montagne** ?
③ **Tous les matins**, ma mère **nouait mes cheveux** avec un ruban.
④ **Ils louent** un appartement au centre de la ville. J'imagine **que le coût** de la vie est cher **pour eux**.
⑤ Il n'y a rien de vrai dans **tout ce que vous** m'avez raconté.
⑥ **Tout à coup**, il y a eu des éclairs. **Tous mes enfants** se sont cachés **sous la table**.
⑦ Quand on **parle du loup**, on en voit **la queue**.
⑧ Les employés ne sont pas **tous d'accord pour** la grève.
⑨ **Les jours où il pleut toute la journée, les enfants lisent ou dessinent chez eux.**
⑩ **Une nouvelle grande surface va s'ouvrir le mois prochain tout près de chez moi.**

問題 6 ①〜⑧の（　）の中に各一語を，⑨⑩は全文を書き取りましょう．[▶解答 p.30]（エリジヨンは一語とします．数を書き取る場合は数字で書いてください）

① (　) parc, les enfants (　) (　) (　).
② Elle prend toujours un (　) (　) (　) avec un (　) (　) (　).
③ Ce (　) est situé sur (　) (　) assez (　).
④ Il manque (　) (　) (　) à cause de la sécheresse (　) (　) réchauffement climatique.
⑤ Il (　) (　) se lever (　). On peut admirer (　) (　) (　) des Alpes.
⑥ (　) (　) de France, le vainqueur porte le (　) (　).
⑦ J'ai (　) (　) (　) depuis 2 semaines. (　) (　) (　) aller consulter mon médecin.
⑧ Pendant le voyage, il vérifie tous les matins le (　) (　) (　).
⑨ _____
⑩ _____

訳例

問題 6　① 公園で子どもたちはボール遊びをしています．　② 彼女はいつもチョコレートケーキとレモンティーを取ります．　③ その城はかなり高い台地の上に建っています．　④ 地球温暖化による干ばつで飲み水が不足しています．　⑤ 早起きするほうがいいです．アルプスの素晴らしい景色が見られます．　⑥ ツール・ド・フランスでは勝者は黄色いシャツを着ます．　⑦ 2週間前から背中が痛みます．医者に行かなくては．　⑧ 旅行中彼は毎朝為替レートをチェックします．　⑨ 彼女はハイヒールを履いているので足が痛みます．　⑩ 彼女は50歳ぐらいのはずです．でも歳より若く見えます．

問題 6　ヒントと解説

[o] / [ɔ]

　[o] は単独の単語では au, aux, eau, haut などがあります。子音が付いて **[bo]** は beau(x), **[do]** は d'eau, dos, **[to]** は taux, tôt, **[vo]** は vos, valoir の活用形 vaut, vaux などです。 **[ɔ]** は homme や port など単語中に出てくる -o- の発音です。比較的聞き取り易く綴り字の間違いも少ないので、ここでは [o] の綴り字中心に練習します。

① 「遊ぶ」は〈jouer à〉です。[o] は 2 箇所とも前置詞〈à＋定冠詞〉の縮約形です。
② [o] は前置詞〈à＋定冠詞〉の縮約形です。「チョコレート chocolat」中の -o- の発音は [ɔ] です。綴り字は比較的簡単でしょう。
③ 「城」「台地」の単語中に [o] が含まれます。文末の [o] は形容詞「高い」です。
④ 「飲み水」のそれぞれ単語中に「飲み [ɔ]」「水 [o]」が含まれます。「〜に負っている〈devoir à〉」の表現で縮約形の [o] があります。devoir の過去分詞に気を付けましょう。文頭の〈Il manque〉は非人称構文です。
⑤ 「〜するほうがいい」という非人称構文です。valoir の活用形の [vo]、副詞「早く」の [to]、形容詞「美しい」の [bo] があります。
⑥ 冒頭の [o] は前置詞〈à＋定冠詞〉の縮約形です。「シャツ [majo]」に [o] が含まれます。「黄色い [ʒon]」は基本語です。動詞 porte の -o- は [ɔ] です。
⑦ 「〜が痛い〈avoir mal à〉」で縮約形 [o] があります。[do] は「背中」です。後半の非人称構文でも [fo] があります。
⑧ ⑤ の副詞の [to] と発音は同じですが、ここは名詞「レート」です。
⑨ 「足が痛い」は ⑦ と同じ表現です。足は単数でも複数でも可能です。「ハイヒール」は「高いかかとをもつ靴」という表現になります。porte は ⑥ 参照。
⑩ 「〜ぐらい、〜あたり」の表現の [otur] は一語です。⑥ の「ツール・ド・フランスで」の表現と混同しないように気を付けましょう。

読まれるテキスト

問題 6

① **Au** parc, les enfants **jouent au ballon**.
② Elle prend toujours un **gâteau au chocolat** avec un **thé au citron**.
③ Ce **château** est situé sur **un plateau** assez **haut**.
④ Il manque **de l'eau potable** à cause de la sécheresse **due au** réchauffement climatique.
⑤ Il **vaut mieux** se lever **tôt**. On peut admirer **le beau paysage** des Alpes.
⑥ **Au Tour** de France, le vainqueur porte le **maillot jaune**.
⑦ J'ai **mal au dos** depuis 2(deux) semaines. **Il me faut** aller consulter mon médecin.
⑧ Pendant le voyage, il vérifie tous les matins le **taux de change**.
⑨ Elle a mal au(x) pied(s) parce qu'elle porte des chaussures à talons hauts.
⑩ Elle doit avoir autour de 50(cinquante) ans. Mais elle fait plus jeune que son âge.

問題 7

① ～ ⑧ の（　）の中に各一語を，⑨ ⑩ は全文を書き取りましょう．[▶解答 p.32]（エリジヨンは一語とします）

① Il (　) toujours sur (　) (　) (　) il drague une fille.
② Il (　) (　) parlé (　) (　) dernier.
③ Chaque fois que je vais (　) (　) (　), il (　) (　) me brosser mieux (　) (　).
④ (　) me (　) (　) le parc, j'ai (　) (　) (　) du dessous.
⑤ Il ne nous reste (　) (　) de séjour au Japon. (　)-(　) le mieux possible.
⑥ (　) (　) vont faire (　) (　) une semaine (　) (　).
⑦ Elle (　) (　) à pleurer (　) me (　) (　) (　).
⑧ J'ai (　). (　) (　) ce (　) et prenons (　) bon repas et du (　).

⑨ _____

⑩ _____

訳例

問題 7 ① 彼は女の子をナンパするときはいつも年齢を偽ります．　② 先週月曜日に彼は私にそのことについて漠然と話してくれました．　③ その歯医者さんは，行くたびにより上手な歯の磨き方を私に教えてくれます．　④ 公園を散歩しているとき，私は下の階の人に会いました．　⑤ 日本での滞在が1ヶ月しか残っていません．できるだけうまく使おう．　⑥ 子どもたちは山で1週間キャンプをします．　⑦ 彼女は私の手を握りながら泣き出しました．　⑧ お腹がすきました．このレストランに入っておいしい食事とワインをいただきましょう．　⑨ このフランス人は英語とドイツ語を流暢に話します．　⑩ 彼女はいつも浴室付き部屋を予約します．シャワーは好きではありません．

31

問題 7 ヒントと解説

[ɑ̃] / [ɛ̃] / [œ̃]

フランス語には [ɑ̃] / [ɛ̃] / [ɔ̃] / [œ̃] の 4 つの鼻母音があります．**問題 7** では聞き分けが難しい [ɑ̃] / [ɛ̃] / [œ̃] を中心に練習します．文法や意味から正しい単語を見つけていきましょう．

　[ɑ̃] は単語では en, an です．単語中では an, am, en, em などと綴られます．n, m の綴りの違いは一般に b, p の前では m，それ以外では n となります．[ɛ̃] は in, im, yn, ym, ain, aim, ein, eim など，[œ̃] は un, um などと綴られます．

① 「嘘をつく mentir」の活用形の [mɑ̃]，接続詞「～のときに」は [kɑ̃] です．
② 〈間目 me＋中性代名詞 en〉のエリジョンの [mɑ̃] です．副詞を作る接尾語 -ment も [mɑ̃] です．名詞「月曜日」は [lœ̃di] です．
③ 「歯医者」，「歯」には [dɑ̃] が含まれます．「私に教える」では〈間目 me＋enseigner〉のエリジョンで [mɑ̃] となります．疑問詞「～のやり方」は [kɔmɑ̃] です．
④ ジェロンディフを率いる前置詞も現在分詞の語尾 -ant も [ɑ̃] です．前置詞「～の中に [dɑ̃]」，動詞「出会う rencontrer [rɑ̃kɔ̃tre]」，「隣人 [vwazɛ̃]」にも鼻母音が多く含まれます．
⑤ 〈que＋数字「1(un)」〉のエリジョンで [kœ̃] です．後半にリエゾン [zɑ̃] があります．
⑥ 「子どもたち」はリエゾンで [zɑ̃fɑ̃] となっています．「キャンプ」は [kɑ̃piŋ] です．文末「山で」の部分には前置詞 [ɑ̃] が使われています．名詞「山」に [ɔ̃] が含まれます．
⑦ 「始める」は [kɔmɑ̃se]，「手」は [mɛ̃] です．前置詞と現在分詞に [ɑ̃] が含まれます．
⑧ 「お腹がすいている」，「ワイン」に [ɛ̃] が，「入る」，「レストラン」に [ɑ̃] があります．不定冠詞 un は [œ̃] です．前置詞「～の中に」は ④ を参照してください．
⑨ 「フランス人」「流暢に」「英語」「ドイツ語」のいずれにも [ɑ̃] が含まれています．
⑩ 「部屋」には [ɑ̃]，「風呂」には [ɛ̃] が含まれます．

読まれるテキスト

問題 7

① Il **ment** toujours sur **son âge quand** il drague une fille.
② Il **m'en a** parlé **vaguement lundi** dernier.
③ Chaque fois que je vais **chez le dentiste**, il **m'enseigne comment** me brosser mieux **les dents**.
④ **En me promenant dans** le parc, j'ai **rencontré mon voisin** du dessous.
⑤ Il ne nous reste **qu'un mois** de séjour au Japon. **Profitons**-en le mieux possible.
⑥ **Les enfants** vont faire **du camping** une semaine **en montagne**.
⑦ Elle **a commencé** à pleurer **en** me **serrant les mains**.
⑧ J'ai **faim**. **Entrons** dans ce **restaurant** et prenons **un** bon repas et du **vin**.
⑨ Ce Français parle couramment l'anglais et l'allemand.
⑩ Elle réserve toujours une chambre avec salle de bains. Elle n'aime pas prendre de douche.

問題 8 ①〜⑧の(　)の中に各一語を，⑨⑩は全文を書き取りましょう．[▶解答 p.34]（エリジヨンは一語とします．数を書き取る場合は数字で書いてください）

① À la (　) de la scène de ménage, c'est son mari qui (　) (　) (　) (　) (　), toujours fâché.

② Peux-tu me prêter (　) (　) ? Je te les rendrai (　) (　) (　) (　) (　) du mois.

③ Je ne (　) (　) (　) (　) d'obtenir le premier prix à ce concours.

④ Pour éviter une crise cardiaque, il faut (　) (　) (　) la circulation (　) (　).

⑤ Je suis (　) que mes (　) (　) (　) et saufs.

⑥ (　) (　), il fait des recherches sur (　) (　) (　) des religions du monde.

⑦ Il (　) (　) toujours (　) (　) (　) j'ai des problèmes.

⑧ Il travaille (　) (　) (　) cette organisation depuis (　) (　).

⑨ _____

⑩ _____

訳例

問題 8 ① 夫婦喧嘩の末怒って部屋から出ていくのはいつも彼女の夫です．② 100ユーロ貸してくれる？月末には間違いなく返すから．③ 私はこのコンクールで1等賞を取れる気がしません．④ 心臓発作を避けるためには血液の循環に注意しなければなりません．⑤ 両親たちが無事に帰ってきて，私は満足しています．⑥ ずっと以前から彼は世界の宗教の聖典について研究しています．⑦ 私が困っているとき，彼はいつも私に手を差し伸べてくれます．⑧ 彼は5年前からこの団体で働いています．⑨ 今日は車を使わないよ．好きなだけ使っていいよ．⑩ 日本人には元旦に家族全員で楽しい時を過ごす習慣があります．

問題 8　ヒントと解説

[ã] / [ɛ̃]（続き）

鼻母音 [ã] と [ɛ̃] の続きで，[s], [t], [l] など子音が付いた単語で練習します．[sã] は cent, sang, sans, s'en, sens / sent < sentir，[sɛ̃] は sain, saint, sein，[tã] は tant, temps, t'en, tend(s) < tendre，[lã] は l'an, l'en, lent などが考えられます．そのほか f や r とともに用いられるケースもあります．*ex.* fin, rang

① 冒頭「～の末に〈à la [fɛ̃] de〉」の構成語で [ɛ̃] が，代名動詞〈s'en aller〉の活用形と「部屋」に [ã] があります．「夫婦喧嘩〈scène de ménage〉」の言い回しも覚えましょう．
② 「100」，前置詞「～なしで」は同じ発音で [sã]，「～の末に」は ① と同じです．
③ 動詞 sentir の活用形です．ここでは代名動詞で使われています．
④ 名詞「注意」に [ã] が含まれます．「血液」は [sã] です．〈crise cardiaque〉は「心臓発作」．
⑤ 「満足な」，「両親」，「帰る，帰宅する」の単語中に [ã]，熟語「無事に，つつがなく」の構成単語中に [sɛ̃] が含まれます．
⑥ 「聖なる [sɛ̃]」は ⑤ の熟語構成単語と同音ですから綴り字に要注意です．「ずっと以前から」の構成単語 longtemps の temps は [tã] です．
⑦ 動詞 tendre の活用形 [tã] です．「手」は [mɛ̃]．接続詞「～の時に」は [kã] です．
⑧ 「～の中に〈au sein de〉」の sein [sɛ̃] は「胸，乳房」という意味もあります．数字の「5」は次の語とアンシェヌマンが起き [sɛ̃kã] と発音します．
⑨ 「それを使う〈s'en servir〉」の活用形，接続詞句「～（と同じ）だけ」の中に [tã] があります．
⑩ 「時」，「年」に [ã] が含まれます．文末の [lã] はエリジョンが起きています．

読まれるテキスト

問題 8

① À la **fin** de la scène de ménage, c'est son mari qui **s'en va de la chambre**, toujours fâché.
② Peux-tu me prêter **100(cent) euros**？ Je te les rendrai **sans faute à la fin** du mois.
③ Je ne **me sens pas capable** d'obtenir le premier prix à ce concours.
④ Pour éviter une crise cardiaque, il faut **faire attention à** la circulation **du sang**.
⑤ Je suis **content** que mes **parents soient rentrés sains** et saufs.
⑥ **Depuis longtemps**, il fait des recherches sur **les livres saints** des religions du monde.
⑦ Il **me tend** toujours **la main quand** j'ai des problèmes.
⑧ Il travaille **au sein de** cette organisation depuis **5(cinq) ans**.
⑨ Je n'utilise pas la voiture aujourd'hui. Tu peux t'en servir tant que tu veux.
⑩ Les Japonais ont l'habitude de passer un moment agréable avec toute la famille le jour de l'an.

問題 9 ①〜⑧の（　）の中に各一語を，⑨⑩は全文を書き取りましょう。[▶解答 p.36]（エリジヨンは一語とします）

① (　) (　) que les essais (　) (　).
② Dans ce magasin, (　) (　) payer (　) (　).
③ Comment peut-elle dépenser de (　) (　) (　) en voyages avec (　) (　) (　) ?
④ (　) (　) (　) (　) pour le commerce. C'est peut-être un héritage de leur grand-père.
⑤ Sa mère est malade. Il doit (　) (　) de temps (　) temps de (　) (　) pour la soigner.
⑥ (　) (　) (　) (　) devant la loi.
⑦ (　) (　) les meilleures étudiantes (　) (　) (　).
⑧ (　) (　) rien, (　) (　) peu (　) (　) de la télévision !

⑨ _____

⑩ _____

(訳例)

問題 9 ① 試みは成功したと言われています． ② この店では現金払いです． ③ どうやって彼女はあのわずかな給料であのような大金を旅行に使うことができるのかしら？ ④ 彼らには商才があります．おそらくおじいさんの血筋です． ⑤ 彼の母親は病気です．それで看病のためにときどき仕事を休まなければなりません． ⑥ 人は法の前では平等です． ⑦ こちらは彼(女)の大学で最も優秀な女子学生たちです． ⑧ 何も聞こえないよ．もう少しテレビの音を上げて！ ⑨ 彼女たちは話題の映画を見ました． ⑩ あの頭のいい少年が彼(女)の息子とは我々は全員驚いています．

ヒントと解説・解答

問題 9 ヒントと解説

[ɔ̃]

鼻母音 [ɔ̃] は比較的聞き取りやすい音です．綴りは on, om などです．単語レベルで，単独では on, ont < avoir などです．子音字とともに用いられることが多く，ここでは s, d と用いられるケースを考えます．[sɔ̃] では son, sont < être など．[dɔ̃] では don, dont, donc [dɔ̃k] などがあります．

① 主語代名詞と avoir の活用形の [ɔ̃] です．
② ①同様，主語代名詞は [ɔ̃] です．似た発音ですが前置詞 en は [ɑ̃] です．
③「金額」は鼻母音ではありません [sɔm]．所有形容詞は鼻母音で [sɔ̃] です．似ているので注意しましょう．
④〈主語代名詞＋avoir 活用形〉のリエゾン [zɔ̃] です．名詞「天賦の才能」は [dɔ̃] です．
⑤ 接続詞は [dɔ̃k]．「彼の仕事」で所有形容詞の [sɔ̃] が使われています．熟語「ときどき〈de temps (　) temps〉」はリエゾンで [d tɑ̃ zɑ̃ tɑ̃] と発音します．
⑥ 主語代名詞の [ɔ̃] です．前置詞「〜の前で」の発音は [dvɑ̃] です．
⑦ [sɔ̃] の問題です．être の活用形と所有形容詞です．
⑧ 文頭は主語代名詞の [ɔ̃] です．動詞「上げる monter」にも [ɔ̃] が含まれます．⑦同様 [sɔ̃] がありますがここの [sɔ̃] は名詞です．綴り字に注意しましょう．
⑨ ④同様にリエゾンによる [zɔ̃] です．関係代名詞 [dɔ̃] は主語代名詞とのリエゾンで [dɔ̃tɔ̃] となります．文法，意味を考えて書いてください．
⑩ être の 1 人称複数の活用形は鼻母音ではありません [sɔm]．「少年 [garsɔ̃]」，所有形容詞に [ɔ̃] が含まれます．〈être＋形容詞（感情）＋que〉の構文では que 以下の従属節の動詞は接続法です．

読まれるテキスト
問題 9

① **On dit** que les essais **ont réussi**.
② Dans ce magasin, **on doit** payer **en liquide**.
③ Comment peut-elle dépenser de **si grosses sommes** en voyages avec **son petit salaire** ?
④ **Ils ont un don** pour le commerce．C'est peut-être un héritage de leur grand-père．
⑤ Sa mère est malade．Il doit **donc s'absenter** de temps **en** temps de **son travail** pour la soigner．
⑥ **On est tous égaux** devant la loi．
⑦ **Ce sont** les meilleures étudiantes **dans son université**．
⑧ **On n'entend** rien, **monte un** peu **le son** de la télévision !
⑨ Elles ont vu le film dont on parle beaucoup．
⑩ **Nous sommes tous étonnés que ce garçon intelligent soit son fils.**

36

問題 10 ①〜⑧の（ ）の中に各一語を，⑨⑩は全文を書き取りましょう．[▶解答 p.38]（エリジヨンは一語とします）

① (　) se promène (　) (　) (　) la Seine et c'est si (　) !
② (　) (　)-(　) acheter pour faire des omelettes ?
③ (　) (　) était trop (　). Beaucoup de gens (　) (　) (　) écouté.
④ À propos de ce remaniement de personnel, mes collègues (　) (　) parlé (　) (　) (　) au bureau.
⑤ Ils (　) (　) de leur raconter (　) (　) extraordinaire.
⑥ (　) (　) vous parlent-ils toujours sur (　) (　) (　) (　) ?
⑦ (　) (　) (　) pour te préparer, (　) tu risques d'oublier quelque chose (　).
⑧ Dans ce restaurant, (　)-(　) (　) pour les emporter, tous les plats ?

⑨ _____

⑩ _____

訳例

問題 10 ① 私たちはセーヌ河沿いを散歩しています．とても気持ちがいいです！　② オムレツを作るには何を買うべきですか？　③ 彼の講演は長すぎました．聞いてない人が多くいました．　④ 私が事務所に着くとすぐに，同僚たちがこの人事異動を話してくれました．　⑤ 彼らは素晴らしい体験を話してくれるよう君に依頼しました．　⑥ あなたの子どもたちはいつもあなたにそんな冷たい言い方をするのですか？　⑦ ゆっくり支度して．そうじゃないと何か大事なもの忘れるよ．　⑧ このレストランではすべての料理を持ち帰り用に注文できますか？　⑨ 長いこと彼らは私に手紙を書いていません．　⑩ 子どものころ，私は夏休みを富士山の近くのおじの家で過ごしたものでした．

問題 10 ヒントと解説

[ɔ̃]（続き）

　[l] が付き l'on, long, l'ont < avoir，[m] が付き mon, m'ont < avoir，[n] が付き non, n'ont < avoir，[t] が付き ton, t'ont < avoir などがあります．さらにリエゾンなどで [nɔ̃]，[tɔ̃] などとなることもあります．

① 文頭は主語代名詞の [ɔ̃] です．熟語「〜に沿って」の構成単語中に [lɔ̃]，形容詞「よい」は [bɔ̃] です．
② devoir の活用形と主語代名詞のリエゾンの [tɔ̃] です．
③ 文頭は所有形容詞 [sɔ̃] です．形容詞「長い」[lɔ̃] は ① と同じ単語です．後半の文での [lɔ̃] は〈直目＋ avoir 活用形〉のエリジョンです．
④ 〈直目＋中性代名詞〉のエリジョン [mɑ̃] は所有形容詞 [mɔ̃] と発音が似ていますから注意しましょう．その後は〈中性代名詞＋ avoir 活用形〉のリエゾン [nɔ̃] です．
⑤ ふたつ [tɔ̃] があります．〈間目＋ avoir 活用形〉のエリジョンと所有形容詞です．
⑥ [tɔ̃] は名詞「話しぶり」です．
⑦ 所有形容詞の [tɔ̃] です．直後に似た [tɑ̃]「時間」が出てくるので注意しましょう．接続詞「そうでなければ」に [ɔ̃] が，「大切な」に [ɛ̃] [ɑ̃] の鼻母音が含まれます．
⑧ [tɔ̃] は〈pouvoir 活用形＋主語代名詞〉のリエゾンです．[dɑ̃], [-rɑ̃], [-mɑ̃-], [ɑ̃-] と [ɑ̃] を含む単語が 4 つあります．
⑨ 副詞「長いこと，久しく」の単語に [ɔ̃] が含まれます．さらに〈間目＋ avoir 活用形〉のエリジョンで [mɔ̃] があります．
⑩ 所有形容詞と名詞「山」は同じ発音 [mɔ̃] です．綴り字に注意してください．「私の子ども時代 [mɔ̃nɑ̃fɑ̃s]」「私の叔父 [mɔ̃nɔ̃kl]」では両方ともリエゾンが起きています．発音は似ていますが，[nɑ̃] と [nɔ̃] と異なります．

読まれるテキスト

問題 10

① **On** se promène **le long de** la Seine et c'est si **bon** !
② **Que doit-on** acheter pour faire des omelettes ?
③ **Son discours** était trop **long**. Beaucoup de gens **ne l'ont pas** écouté.
④ À propos de ce remaniement de personnel, mes collègues **m'en ont** parlé **dès mon arrivée** au bureau.
⑤ Ils **t'ont demandé** de leur raconter **ton expérience** extraordinaire.
⑥ **Vos enfants** vous parlent-ils toujours sur **ce ton si sec** ?
⑦ **Prends ton temps** pour te préparer, **sinon** tu risques d'oublier quelque chose **d'important**.
⑧ Dans ce restaurant, **peut-on commander** pour les emporter, tous les plats ?
⑨ Ça fait longtemps qu'ils ne m'ont pas écrit.
⑩ Dans mon enfance, je passais mes vacances chez mon oncle près du mont Fuji.

間違えやすい同音異義語

問題 11 ①〜③の（ ）の中に各一語を，④ は全文を書き取りましょう．[▶解答 p.40]（エリジヨンは一語とします）

① Je (　) (　) déjà montré (　) photos.
② Cette maison est la nôtre et (　) (　) (　) (　).
③ (　) (　) est de voir (　) (　) le dimanche.
④ _____

問題 12 ①〜⑤の（ ）の中に各一語を，⑥ は全文を書き取りましょう．[▶解答 p.40]（エリジヨンは一語とします）

① (　) (　) votre numéro de portable ?
② (　) (　) votre adresse e-mail ?
③ (　) (　) (　) ton choix, je le respecterai.
④ (　) (　) belles, vos filles !
⑤ J'ai visité cette église (　) (　) (　).
⑥ _____

訳例

問題 11 ① 私は彼らに彼らの写真をすでに見せました．　② この家は我々のです．彼らのではありません．　③ 彼らの楽しみは毎週日曜日に友人たちに会うことです．　④ 母の日のプレゼントに子どもたちはそれぞれのお母さんに手紙を書きました．

問題 12 ① あなたの携帯電話番号は何番ですか？　② あなたのeメールアドレスは何ですか？　③ 君の選択が何であろうとそれを尊重するよ．　④ あなた方のお嬢さんたちはなんて美人なんでしょう！　⑤ 私は彼女(たち)が薦めたその教会を訪れました．　⑥ なんという驚きでしょう！彼女たちが全員その試験に合格したなんて信じられません．

間違いやすい同音異義語

問題 11 ヒントと解説

[lœr]

　役割が異なるが，同音で綴り字も同じ単語は文法知識で補います．[lœr] の例で考えましょう．綴りは leur(s) です．間目，所有形容詞，所有代名詞に用いられます．

① 間目「彼らに」と所有形容詞「彼らの」の [lœr] です．所有形容詞では後ろの名詞が複数ですから綴り字に気を付けましょう．
② 所有代名詞「彼らのもの（＝家）」です．
③ 所有形容詞 [lœr] の単数と複数の使い分けです．後半はリエゾンにより複数とわかります．
④ 所有形容詞の [lœr] です．「母親」はそれぞれの子どもにひとりなので単数にします．

問題 12 ヒントと解説

[kɛl]

　疑問形容詞と〈que ＋ elle(s)〉のエリジョンなどが考えられます．

① 疑問形容詞です．関係する名詞との一致に気を付けましょう．名詞は numéro です．
② 疑問形容詞です．名詞は adresse です．
③ 疑問形容詞です．譲歩の表現ですから動詞は接続法です．名詞 choix は単数も複数も同じ綴り字ですが，直前の所有形容詞と後ろの直目でどちらかを判断します．
④〈que ＋ elles〉のエリジョンです．この que は感嘆を表す副詞です．
⑤〈que ＋ elle(s)〉のエリジョンですがここの que は関係代名詞です．先行詞 église は女性名詞です．過去分詞の一致を忘れないようにしましょう．
⑥ 感嘆文です．文頭の [kɛl] は名詞 surprise を修飾しています．後半は〈que ＋ elles〉のエリジョンです．ここの que は名詞節を導く接続詞です．

読まれるテキスト

問題 11
① Je **leur ai** déjà montré **leurs** photos.
② Cette maison est la nôtre et **non pas la leur**.
③ **Leur plaisir** est de voir **leurs amis** le dimanche.
④ **Comme cadeau pour la fête des mères, les enfants ont écrit à leur mère.**

問題 12
① **Quel est** votre numéro de portable ?
② **Quelle est** votre adresse e-mail ?
③ **Quel que soit** ton choix, je le respecterai.
④ **Qu'elles sont** belles, vos filles !
⑤ J'ai visité cette église **qu'elle(s) m'avai(en)t recommandée**.
⑥ **Quelle surprise !** Je ne peux pas croire qu'elles ont toutes réussi au concours.

問題 13　①〜⑤の（　）の中に各一語を，⑥は全文を書き取りましょう． [▶解答 p.42]（エリジヨンは一語とします．数を書き取る場合は数字で書いてください）

① Au printemps, (　)(　)(　), les prés, les bois et les champs.
② J'avais tellement soif qu'en rentrant, j'ai bu (　)(　)(　)(　) fraîche.
③ Beaucoup de vacanciers partent (　)(　)(　).
④ Un grand tremblement de terre a eu lieu ce matin (　)(　)(　) en Chine.
⑤ Depuis longtemps, on élève (　)(　)(　)(　) dans cette région.
⑥ _____

問題 14　①〜④の（　）の中に各一語を書き取りましょう． [▶解答 p.42]
（エリジヨンは一語とします．数を書き取る場合は数字で書いてください）

① Je (　)(　)(　) pour aller à Nagoya, (　)(　)(　)(　) moins cher que celui du Shinkansen.
② Il faut attendre (　)(　)(　)(　).
③ Après l'école, il (　)(　)(　) dans (　)(　).
④ Comme je risquais (　)(　)(　)(　)(　), j'ai pris ce chemin (　)(　).

訳例

問題 13　① 春にはまきば，森，畑，すべてが緑です．　② 私はとてものどが渇いていたので帰るなり冷たい水を大きいコップ1杯飲みました．　③ 多くのヴァカンス客が南仏へと出発します．　④ 今朝5時ごろ中国で大きな地震が起きました．　⑤ ずっと以前からこの地方では蚕を飼育しています．　⑥ このガラス製の箱は素晴らしいがとても壊れやすいです．

問題 14　① 名古屋へ行くのに私は長距離バスに乗ります．新幹線代より安いからです．　② まだ45分待たなければなりません．　③ 放課後彼は校庭を10周走ります．　④ 講義に遅れそうだったので私はその近道を通りました．

41

問題 13　ヒントと解説

[vɛr]

　品詞，綴り字の異なる短い同音の単語の例です．**[vɛr]** で考えてみます．形容詞「緑の」，前置詞「～の方へ」「～ごろ」，名詞「ガラス」「コップ」「虫」があります．

① 属詞の形容詞「緑の」です．
② 名詞「コップ」です．
③ 方向を示す前置詞「～の方へ」です．
④ 時間を示す前置詞「～ごろ」です．
⑤ 名詞「虫」です．ここでは「絹の」が付いて「蚕」の意味です．
⑥ 名詞「ガラス」です．「～でできた」という材料を表す前置詞は en です．

問題 14　ヒントと解説

[kar] と [kur]

　①② **[kar]**：名詞「（長距離・観光）バス」「4 分の 1」，理由の接続詞
　③④ **[kur]**：動詞 courir の活用形，名詞「中庭」「講義」，形容詞「短い」　など．

① 2 箇所の [kar] は綴り字がまったく同じです．最初のは名詞，後半のは理由の接属詞です．
② 「1 時間の 4 分の 3」という時間表現です．
③ 動詞 courir の活用形です．最後は名詞「校庭」です．
④ 名詞「講義」です．③の「校庭」と綴り字が似ていますから注意しましょう．最後は形容詞「短い」です．

読まれるテキスト

問題 13

① Au printemps, **tout est vert**, les prés, les bois et les champs.
② J'avais tellement soif qu'en rentrant, j'ai bu **un grand verre d'eau** fraîche.
③ Beaucoup de vacanciers partent **vers le Midi**.
④ Un grand tremblement de terre a eu lieu ce matin **vers 5(cinq) heures** en Chine.
⑤ Depuis longtemps, on élève **des vers à soie** dans cette région.
⑥ **Ce coffre en verre est magnifique mais très fragile.**

問題 14

① Je **prends le car** pour aller à Nagoya, **car le tarif est** moins cher que celui du Shinkansen.
② Il faut attendre **encore trois quarts d'heure**.
③ Après l'école, il **court 10(dix) tours** dans **la cour**.
④ Comme je risquais **d'être en retard au cours**, j'ai pris ce chemin **plus court**.

問題 15 ①〜⑥の（ ）の中に各一語を書き取りましょう． [▶解答 p.44]
（エリジヨンは一語とします．数を書き取る場合は数字で書いてください）

① La maison （　）（　）（　） se trouve près （　）（　）（　）.
② À la prochaine élection, il y aura 3 candidats （　）（　）（　）（　）.
③ （　）（　）（　）, au Japon, （　）（　）（　） son prestige au sein de la famille.
④ En pensant à une perte éventuelle, elle achète toujours （　）（　）（　）（　） par prudence.
⑤ Les gens participent à la manifestation contre la pollution et （　）（　）（　）. Mais je pense que （　）（　）（　）（　）.
⑥ Ils （　）（　）（　）（　） pour que tout le monde puisse s'asseoir.

問題 16 ①〜④の（ ）の中に各一語を書き取りましょう． [▶解答 p.44]
（エリジヨンは一語とします．数を書き取る場合は数字で書いてください）

① （　）（　）（　）（　） tous les samedis chez vous ?
② （　）（　）, quand （　）-（　） la promotion de ton mari ?
③ Elle a （　）（　）（　）. Elle va à l'église （　）（　）（　）（　）.
④ （　）（　）（　） j'allais dans ce restaurant, je prenais （　）（　）（　）（　）（　）.

訳例

問題 15 ① 祖母の家は海の近くにあります． ② 次の選挙では市長のポストを巡って3人の立候補者がたつでしょう． ③ 戦後日本では家族の中での父親の威信が無くなっています． ④ 無くした場合を考えて，彼女は用心のためいつも手袋を2組買います． ⑤ 人々は公害と温室効果に反対するデモに参加しています．でも私はそれは何の役にも立たないと思います． ⑥ 彼らは皆が座れるように少しずつ詰めます．

問題 16 ① あなたは毎週土曜日に家でパンを作るのですか？ ② ところで君はいつご主人の昇進のお祝いをするの？ ③ 彼女は堅い信仰をもっています．1日2回教会に行きます． ④ あのレストランに行くたびに，私はフォアグラ料理を取りました．

問題 15 ヒントと解説

[ɛr] を含んだ同音異義語の練習です．
- ①② m が付いた [mɛr]：名詞「母」「海」「市長」
- ③④ p が付いた [pɛr]：名詞「父」「(物の) 一対」，形容詞「偶数の」，動詞 perdre 活用形（現在）
- ⑤⑥ s が付いた [sɛr]：名詞「温室」，動詞 servir 活用形（現在），動詞 serrer 活用形（現在） など．

① 名詞「祖母」と「海」の [mɛr] です．どちらも女性名詞です．
② 名詞「市長」は男性名詞です．
③ 名詞「父親」の [pɛr] と動詞 perdre の活用形です．
④ 名詞「一対」の [pɛr] です．「2 組」ですから複数になります．
⑤ 「温室効果」で名詞の [sɛr]，「何の役にも立たない」で動詞 servir の活用形です．
⑥ 代名動詞 se serrer の活用形です．目的を表す接続詞 pour que は接続法を要求します．

問題 16 ヒントと解説

その他注意したい同音異義語の練習です．
- ①② [fɛt]：名詞「祭り」「事実」，動詞 fêter 活用形（現在），動詞 faire 活用形（現在）と過去分詞女性形
- ③④ [fwa]：名詞「信仰」「～度，回」「肝臓」 など．

① 動詞 faire の 2 人称複数の現在の活用形です．綴り字に注意しましょう．
② 文頭は名詞「事実，事」です．普通，語末の -t は発音されませんが例文のような表現では [fɛt] と発音されます．動詞 fêter の活用形もあります．
③ 名詞「信仰」と「回」の [fwa] は女性名詞です．
④ 名詞「回」と「肝臓」です．「肝臓」は男性名詞です．

読まれるテキスト

問題 15
① La maison **de ma grand-mère** se trouve près **de la mer**.
② À la prochaine élection, il y aura 3(trois) candidats **au poste de maire**.
③ **Après la guerre**, au Japon, **le père perd** son prestige au sein de la famille.
④ En pensant à une perte éventuelle, elle achète toujours **2(deux) paires de gants** par prudence.
⑤ Les gens participent à la manifestation contre la pollution et **l'effet de serre**. Mais je pense que **ça ne sert à rien**.
⑥ Ils **se serrent un peu** pour que tout le monde puisse s'asseoir.

問題 16
① **Vous faites du pain** tous les samedis chez vous ?
② **Au fait**, quand **fêtes-tu** la promotion de ton mari ?
③ Elle a **une foi ferme**. Elle va à l'église **2(deux) fois par jour**.
④ **Chaque fois que** j'allais dans ce restaurant, je prenais **le plat de foie gras**.

動詞中心の問題

問題 17 ①〜④の（　）の中に各一語を，⑤は全文を書き取りましょう．[▶解答 p.46]（エリジヨンは一語とします）

① Sylvie (　) (　) tôt ce matin (　) (　) 3 boîtes de bento.
② Ces serviettes sont bien (　), il faut aussi (　) (　) (　).
③ Les foulards (　) (　) (　) hier (　) (　) en Italie.
④ (　) (　) dans ce (　) (　), vous (　) à l'aise pour (　) (　).
⑤ _____

問題 18 ①〜④の（　）の中に各一語を，⑤は全文を書き取りましょう．[▶解答 p.46]（エリジヨンは一語とします）

① (　) (　) (　) le long du rail de (　).
② (　) (　) (　) toutes vos affaires dans cette valise.
③ À midi, la maîtresse (　) (　) (　) par deux (　) (　) à la cantine.
④ (　) (　) lire cet ouvrage que (　) (　) (　) hier dans la bibliothèque.
⑤ _____

訳例
問題 17 ① シルヴィは今朝早起きして弁当を3つ作りました．② これらのナプキンはきれいに畳まれているよ．お前のもちゃんと畳みなさい．③ 昨日私が買ったスカーフはイタリア製です．④ この木陰にいらっしゃい．休憩するのに気持ちいいですよ．⑤ 家にいないで外に遊びに行っていいですよ．
問題 18 ① ガードレールに沿って車を寄せて止めてください．② このスーツケースにあなたの身の回り品を全部片づけました．③ お昼には先生は生徒たちを2列に並ばせ，食堂に行ったものでした．④ 君が昨日本棚に片付けたその本を，私は読みたいです．⑤ 彼は半日かけて部屋を片付けました．

動詞中心の問題

問題 17　ヒントと解説

語末の [e]
　-er 動詞では不定詞 -er，vous の活用語尾 -ez，過去分詞 -é は同音の [e] です．過去分詞では一致により -é, -ée, -és, -ées と綴られても発音は変わらず [e] です．文法の知識で書き分けましょう．

① 代名動詞 se lever の複合過去です．主語との一致が起きます．前置詞の後は不定詞です．
② plier の過去分詞（受動態）と不定詞が用いられています．受動態での過去分詞の一致に気を付けましょう．
③ acheter の複合過去です．〈avoir +過去分詞〉の前に直目があります．fabriquer もここでは受動態の過去分詞ですからそれぞれ一致に注意が必要です．
④ venir の命令形，形容詞化した過去分詞，vous の活用語尾（単純未来），代名動詞不定詞の語尾で [e] が含まれます．
⑤ 前置詞句〈au lieu de〉に続く不定詞，vous の活用語尾（現在），pouvoir に続く2つの動詞の不定詞に [e] が入っています．

問題 18　ヒントと解説

同一 -er 動詞の語尾の発音の問題です（**ranger** の場合）．
　不定詞，vous の活用語尾，過去分詞の語尾は [e] です．半過去・条件法の語尾 -(r)ais, -(r)ait, -(r)aient は [(r)ɛ] です．耳には同じように聞こえます．文法知識で補いましょう．

① vous の命令形 -ez [e] です．
② 複合過去ですから過去分詞の -é [e] です．
③ 半過去です．後半は前置詞 pour の後ろですから不定詞です．
④ vouloir の条件法語尾の [-rɛ] に注意しましょう．ranger は過去分詞です．
⑤ 名詞「半日」の構成語に [e] があります．ranger は前置詞 à があるので不定詞です．

読まれるテキスト

問題 17
① Sylvie **s'est levée** tôt ce matin **pour préparer** 3(trois) boîtes de bento.
② Ces serviettes sont bien **pliées**, il faut aussi **plier la tienne**.
③ Les foulards **que j'ai achetés** hier **sont fabriqués** en Italie.
④ **Venez ici** dans ce **coin ombragé**, vous **serez** à l'aise pour **vous reposer**.
⑤ **Au lieu de rester à la maison, vous pouvez aller jouer dehors.**

問題 18
① **Rangez votre voiture** le long du rail de **sécurité**.
② **On a rangé** toutes vos affaires dans cette valise.
③ À midi, la maîtresse **rangeait ses élèves** par deux **pour aller** à la cantine.
④ **Je voudrais** lire cet ouvrage que **tu as rangé** hier dans la bibliothèque.
⑤ **Il a mis une demi-journée à ranger sa chambre.**

問題 19 ①〜④の ( ) の中に各一語を，⑤ は全文を書き取りましょう．[▶解答 p.48]（エリジヨンは一語とします）

① (　　) (　　) à Anne de (　　) mais elle a (　　) (　　) seule.
② Il est possible (　　) (　　) plus de 60 ans (　　) son apparence.
③ Je regrette (　　) (　　) (　　) ce concours.
④ Quand (　　) (　　), (　　) (　　) de mon grand-père (　　) de son chien.
⑤ _____

問題 20 ①〜④の ( ) の中に各一語を，⑤ は全文を書き取りましょう．[▶解答 p.48]（エリジヨンは一語とします）

① Je (　　) (　　) (　　) ni sucre ni (　　) dans (　　) (　　).
② Elle (　　) (　　) (　　) (　　) bleue et blanche (　　) (　　) (　　).
③ Si tout le monde (　　) (　　), (　　) (　　) un point final à ce problème.
④ Sans votre surveillance, vos parents (　　) (　　) (　　) (　　) dans cette organisation religieuse.
⑤ _____

訳例

問題 19 ① 私はアンヌに送ると言いましたが，彼女はひとりで帰るのを好みました．② 見た目によらず彼は 60 歳以上かもしれません．③ 彼らがあの試験に失敗したことは残念です．④ 小さいころ私はおじいさんと彼の飼い犬が怖かったです．⑤ 私はもっと忍耐力を持たねばなりません．

問題 20 ① 私はコーヒーに砂糖もミルクも絶対に入れません．② 彼女はそのパーティーで青と白のストライプのワンピースを着ます．③ もし全員が賛成なら，私はこの問題に決着をつけるのに．④ あなたが見張ってなければ，ご両親は全財産をあの宗教団体に寄付するでしょう．⑤ 明日関係者と相談してこの問題を終わりにしましょう．

問題 19 ヒントと解説

同一動詞の活用形や語尾の発音の問題です（**avoir** の場合）．

活用形や語尾の聞き分けを「エ」を中心に練習します．現在形 ai は -er 動詞の不定詞 (-er) や過去分詞 (é) と同音で [e] です．半過去の語尾，接続法語尾の -aie, -aies, -ait, -aient の発音は [ɛ] です．聞き分けは難しいので文法知識から考えましょう．

① avoir の活用形，-er 動詞の過去分詞と不定詞で [e] が出てきます．
② 非人称構文〈il est possible que〉は接続法を要求します．音のつながりから人称と単数か複数かを考えましょう．前置詞「〜にも関わらず」は [malgre].
③ 感情を表す動詞 regretter は接続法を要求します．②同様音のつながりから人称・単複を考えます．
④ 半過去の語尾 -ais, -ait, -aient は [ɛ] です．接続詞「そして」は [e] です．
⑤ 非人称構文〈il faut que〉は接続法を要求します．主語の je とエリジヨンが起きています．

問題 20 ヒントと解説

同一動詞のいろいろな活用形の発音の問題です（**mettre** の場合）．

① 直説法現在では単数人称は同音 [mɛ] です．主語を聞き分け綴り字に注意しましょう．否定表現〈ne ... jamais〉の [ʒamɛ], 名詞「ミルク」は [lɛ],「コーヒー」は [kafe] です．
② [mɛ] の主語は elle です．形容詞「ストライプの」は過去分詞からの派生語です．名詞との一致に注意しましょう．名詞「パーティー」の語尾にも [e] があります．
③ 〈Si ＋直説法半過去，条件法現在〉の構文です．条件法現在の語尾は単数人称 (je, tu, il, elle) と 3 人称複数 (ils, elles) では同じ発音 [-rɛ] です．
④ 前置詞 sans に条件のニュアンスがあるので，動詞は条件法です．
⑤ demain があるので単純未来です．je の場合は条件法とほぼ同じ発音です．

読まれるテキスト

問題 19
① **J'ai proposé** à Anne de **l'accompagner** mais elle a **préféré rentrer** seule.
② Il est possible **qu'il ait** plus de 60(soixante) ans **malgré** son apparence.
③ Je regrette **qu'ils aient raté** ce concours.
④ Quand **j'étais petit, j'avais peur** de mon grand-père **et** de son chien.
⑤ **Il faut que j'aie plus de patience.**

問題 20
① Je **ne mets jamais** ni sucre ni **lait** dans **mon café**.
② Elle **met la robe rayée** bleue et blanche **pour cette soirée**.
③ Si tout le monde **était d'accord, je mettrais** un point final à ce problème.
④ Sans votre surveillance, vos parents **mettraient tout leur argent** dans cette organisation religieuse.
⑤ **Je mettrai fin à ce problème en parlant avec les intéressés demain.**

第3章 仏検対策 書き取り問題

　仏検2級の書き取りでは，日常的な出来事を伝える文章が多く出題されます．約70語の6〜7文で構成され，日記形式のものや，3人称で客観的に書かれた文章のほか，まれに手紙文も出題されています．

　時制は過去形（複合過去・半過去・大過去）がよく用いられ，受動態の複合過去も頻出しています．主語が男性か女性か，単数か複数かを判断し，形容詞や過去分詞の一致にも気を付けましょう．しっかり聞き，書き取った後に文法的知識を用いて必ず見直ししましょう．第2章「紛らわしい音を含む短文の書き取り」で学習したことを活かし，リエゾン・アンシェヌマン・エリジヨンも常に意識しましょう．

　またポーズをおいて読むときには句読点も読まれます．
virgule 〈,〉, point 〈.〉, point d'interrogation 〈?〉, point d'exclamation 〈!〉, deux points 〈:〉, point virgule 〈;〉, à la ligne「改行」などに慣れておきましょう．

各問題は次の要領で行われます．

- フランス語の文章を，次の要領で4回読みます．全文を書き取ってください．
- 1回目，2回目は，ふつうの速さで全文を読みます．内容をよく理解するようにしてください．
- 3回目は，ポーズをおきますから，その間に書き取ってください（句読点も読みます）．
- 最後にもう1度ふつうの速さで全文を読みます．
- 数を書く場合は，算用数字で書いてかまいません．

〈CDを聞く順番〉

問題 1	🎧 36 ⇒ 36 ⇒ 37 ⇒ 36 [▶解答 p.50]	問題 2	🎧 38 ⇒ 38 ⇒ 39 ⇒ 38 [▶解答 p.51]
問題 3	🎧 40 ⇒ 40 ⇒ 41 ⇒ 40 [▶解答 p.52]	問題 4	🎧 42 ⇒ 42 ⇒ 43 ⇒ 42 [▶解答 p.53]
問題 5	🎧 44 ⇒ 44 ⇒ 45 ⇒ 44 [▶解答 p.54]	問題 6	🎧 46 ⇒ 46 ⇒ 47 ⇒ 46 [▶解答 p.55]
問題 7	🎧 48 ⇒ 48 ⇒ 49 ⇒ 48 [▶解答 p.56]	問題 8	🎧 50 ⇒ 50 ⇒ 51 ⇒ 50 [▶解答 p.57]

問題 1

読まれるテキスト

　　L'été dernier, Anne a passé ses vacances avec son petit frère, Jean, chez *leurs grands-parents*①. Ils ont voyagé *seuls*② en train. Tous les jours, ils ont fait *de nombreuses activités*③. Anne a photographié avec l'appareil que ses parents lui *avaient offert*④ pour son anniversaire, les fleurs et les *animaux*⑤ *qu'elle*⑥ adore. Jean, plus dynamique, a préféré faire du vélo et du tennis. Anne et Jean *étaient tous les deux très contents*⑦ de *leur séjour*⑧.

① 「祖父母」は複数名詞ですから leur も複数です．「祖父母」の構成語の語末にそれぞれ -s が付く綴り字も確認しておきましょう．
② 主語 ils (Anne と Jean) に一致して男性複数にします．
③ リエゾンから単数か複数かを判断しましょう．また形容詞 (nombreuses) が名詞の前に置かれているので，冠詞を des としないようにしましょう．
④ 主語は ses parents ですから動詞は 3 人称複数 (大過去) です．同音の 3 人称単数 (avait offert) にしないように．
⑤ animal の複数です．
⑥ 関係代名詞 que の後のエリジヨンに注意しましょう．
⑦ 主語は Anne と Jean ですから動詞は 3 人称複数です．tout や content を男性複数形にするのも忘れずに．
⑧ 「滞在」は単数名詞ですから leur を複数にしないように注意しましょう．

訳例

　去年の夏，アンヌは弟のジャンと一緒に祖父母の家でヴァカンスを過ごしました．彼らはふたりきりで列車で旅行しました．毎日彼らはたくさんのことをしました．アンヌは誕生日に両親がプレゼントしてくれたカメラで大好きな花や動物の写真をとりました．ジャンはもっと行動的で，自転車に乗ったりテニスをする方が好きでした．アンヌとジャンはふたりとも自分たちの滞在にとても満足していました．

注 **読まれるテキスト** の中でイタリックになっている部分は間違えやすいポイントです（以下同じです）．

問題 2

読まれるテキスト

　　Amélie a 16(seize) ans et elle est *lycéenne*①. Chaque jour, elle se lève à 7(sept) heures pour partir à 8(huit) heures moins le quart prendre le bus. Mais ce matin, il n'y avait pas de bus car c'était un jour de grève *pour les employés*② de la société. Amélie *s'est donc levée*③ à 6(six) heures et est *allée*④ au lycée à pied. À son *arrivée*⑤, elle était très *fatiguée*⑥ et avait sommeil. *Certains élèves*⑦ sont *arrivés*⑧ en retard, d'autres ne sont pas *venus*⑨.

① 主語は elle です．女性単数にします．
② les の後のリエゾンに注意しましょう．また，そのリエゾンから名詞が複数だということがわかります．
③ 代名動詞の複合過去です．過去分詞は主語 Amélie に一致します．
④ 動詞 aller の複合過去です．過去分詞は主語 Amélie に一致します．
⑤ 動詞の不定詞 (arriver) と同音ですが，ここでは前に所有形容詞 son があるので名詞「到着」です．
⑥ 形容詞は主語 elle に一致します．
⑦ リエゾンしている発音から男性複数であることがわかります．
⑧ 動詞 arriver の複合過去です．過去分詞は主語 certains élèves に一致します．
⑨ 動詞 venir の複合過去です．過去分詞は主語 d'autres (élèves) に一致します．

訳例

　アメリは 16 歳の高校生です．毎日彼女は 7 時に起き，7 時 45 分に家を出てバスに乗ります．しかし今朝はバスがありませんでした．というのも今日はバス会社の従業員のストライキの日だったからです．それでアメリは 6 時に起き，歩いて高校に行きました．高校に着いたとき彼女はとても疲れていて眠かったです．遅れて到着した生徒が何人かいたし，来なかった生徒もいました．

問題 3

読まれるテキスト

　Il n'y avait pas de cours à l'école hier après-midi. Étant *seule*① à la maison, ma fille est *allée*② chez sa copine, Marie, qui habite la maison voisine. Elles *s'entendent*③ très bien et sont *heureuses*④ de se retrouver souvent ensemble. Elles ont lu des *magazines*⑤ en écoutant de la musique, fait des jeux vidéo et surtout parlé de l'école et de ce qui *s'y*⑥ passe. Vers 16(seize) heures, pour le goûter, elles ont préparé des crêpes. Ma fille m'a dit qu'elles étaient vraiment *délicieuses*⑦.

① 「ひとりでいた」のは ma fille ですから，女性単数です．
② 動詞 aller の複合過去です．過去分詞は主語 ma fille に一致します．
③ 発音から3人称複数の活用をしていることがわかりますから，主語は複数です．
④ 〈être heureux de ＋不定詞〉の構文です．形容詞 heureux は主語 elles に一致します．
⑤ magasin と間違えないように綴り字に注意しましょう．
⑥ y は，à l'école を受けています．発音からは si と区別がつきません．文意を考えて判断します．
⑦ 形容詞は主語 elles に一致します．ここの elles は人ではありません．crêpes を指しています．

訳例

　昨日の午後は学校がお休みでした．娘は家でひとりだったので，隣に住んでいるマリという女の子の友だちのところに行きました．彼女たちはとても仲が良く，しょっちゅう一緒にいて楽しそうです．彼女たちは音楽を聴きながら雑誌を読んだり，テレビゲームをしたり，とりわけ学校のことや学校での出来事について話しました．16時頃おやつにクレープを作りました．娘はクレープは本当に美味しかったよと私に言いました．

問題 4

読まれるテキスト

Chère Isabelle[①],

Je te remercie pour tout ce que tu as fait pour moi pendant mon séjour à Lyon. J'ai été *heureuse*[②] de connaître tes parents, très *aimables*[③]. Je n'oublierai jamais *la vue nocturne merveilleuse que nous avons observée*[④] ensemble de la colline. Te souviens-tu de l'écharpe que j'ai *achetée*[⑤] pour ma petite sœur ? Elle lui plaît beaucoup et j'en suis très contente. La prochaine fois, ce *sera*[⑥] ton tour, et tu *seras*[⑦] toujours la bienvenue chez nous à Yokohama.

Amicalement,
Naomi

① 「イザベル」は女性の名前ですから cher も女性単数にします．男性形にはないアクサンとその向きに注意してください．
② 発音から差出人は女性であることがわかります．「je は女性」という意識を持って書き取りをすることが大切です．
③ tes parents にかかる形容詞です．
④ que は関係代名詞，先行詞は la vue nocturne です．〈avoir ＋過去分詞〉より直目が前にあるので observer の過去分詞の一致が必要です．
⑤ ④と同様に，acheter の過去分詞は関係代名詞 que の先行詞 l'écharpe に一致します．
⑥，⑦ は未来形です．発音が似ていますが，主語が ce, tu と異なりますから綴り字に注意しましょう．

訳例

親愛なるイザベルへ
　私のリヨンに滞在中にあなたがしてくれたすべての事に私は感謝しています．とても優しいあなたのご両親と知り合いになれて嬉しかったわ．丘から一緒に見た素晴らしい夜景を，私は決して忘れないでしょう．私が妹に買ったマフラーのことを覚えている？妹はそれをとても気に入ってくれたの．よかったわ．次はあなたの番よ，いつでも私たちの横浜の家に歓迎するわ．
　友情をこめて，
　なおみ

問題 5

読まれるテキスト

　Dimanche dernier, j'*ai été invitée*① à dîner chez ma cousine. Nous avons à peu près le même âge et quand nous étions *petites*②, nous jouions souvent ensemble chez ma grand-mère. Mais après, *nous ne nous sommes pas vues*③ de nombreuses années. Nous avions donc beaucoup de choses à *nous dire*④ et *si nous avions eu assez de temps, nous aurions bavardé*⑤ toute la nuit. Mais malheureusement, j'ai été *obligée*⑥ de la quitter tôt à cause de mon travail. C'était bien dommage !

① 受動態の複合過去です．主語が男性か女性かここではわかりません．とりあえず保留にしておきましょう．
② 発音から nous が女性同士，つまり je が女性とわかりますから ① に戻って過去分詞を女性単数にします．
③ 代名動詞 se voir の複合過去の否定文です．主語の nous と否定の ne は音だけでは区別しづらいので，文法的な知識を使って語順を確認しましょう．nous は主語の女性とそのいとこ（女性）ですから過去分詞を女性複数にします．
④ 使われている動詞は代名動詞 se dire「互いに話し合う」です．前置詞 à の後で不定詞として用いられています．再帰代名詞のみ主語に合わせます．
⑤ 〈si ＋大過去，条件法過去〉の文型が用いられています．
⑥ 形容詞は主語 je に合わせて女性単数にします．

訳例

　先週の日曜日，私はいとこの家に夕食に招待されました．私たちはほぼ同い年で，小さいころはよく祖母の家で一緒に遊んでいました．しかしその後，私たちは何年間も会いませんでした．だから私たちには話すことがたくさんあり，もし十分に時間があったなら私たちは一晩中おしゃべりしていたでしょう．でもあいにく私は仕事のために早く帰らなければなりませんでした．本当に残念でした！

問題 6

読まれるテキスト

　Maintenant que j'ai plus de 30(trente) ans, je *préfère*① la chaleur au froid, alors je vais dans les déserts. Jusqu'à maintenant, j'allais en montagne pour faire du ski avec des amis, plusieurs jours de suite. Et j'ai toujours considéré que c'*étaient*② mes *meilleures*③ vacances. Mais mon tempérament a *dû*④ profondément changer, car je *ressens*⑤ à présent le besoin de prendre des vacances dans des *lieux chauds*⑥.

① préférer の現在の活用，特にアクサンの向きに注意しましょう．
② 属詞に合わせ，être は 3 人称複数（半過去）になります．同音の単数 (c'était) にしないように気を付けましょう．
③ meilleur は男性，女性，単数，複数すべて同音です．mes から複数であること，vacances から女性名詞であることを確認し，語尾を女性複数にします．
④ devoir の過去分詞です．アクサンに注意しましょう．
⑤ 不定詞は ressentir です．二重子音字 -ss- を忘れずに．
⑥ des が付いているので続く名詞が複数であることがわかります．lieu の複数は綴り字に要注意です．chaud も複数にします．

訳例

　30 歳を過ぎた今，私は寒さよりも暑さの方が好きになったので砂漠に行きます．今までは山に行き，何日も続けて友人とスキーをしていました．そしてそれが私の最高のヴァカンスだとずっと考えていました．しかし私の体質は根本的に変わったに違いありません．なぜなら私は今，暑い場所でヴァカンスを取る必要性を感じるからです．

ヒントと解説・解答

🎧 問題 7
48, 49
読まれるテキスト

　Je suis quelqu'un qui a réalisé le rêve de sa vie : je suis *devenu*① musicien grâce au hasard d'une rencontre avec un homme fantastique. Plus jeune, j'*ai eu*② du mal à suivre mes études, et pour *m'évader*③ je jouais de la guitare dans un petit groupe de temps en temps. *Au cours d'*④une soirée, j'ai rencontré le directeur d'un centre éducatif, *passionné*⑤ de musique comme moi, qui m'a permis de suivre *des cours professionnels*⑥. C'est donc ainsi que je suis devenu musicien.

① 過去分詞の一致の可能性がありますが，je が男性か女性かはその後の名詞 (musicien) で判断します．
② avoir の複合過去です．avoir の過去分詞の音に慣れてください．
③ 使われている動詞は代名動詞 s'évader「逃避する」です．前置詞 pour の後で不定詞として用いられています．再帰代名詞のみ主語に合わせます．
④ 〈au cours de〉は「〜の間に」を表す熟語です．
⑤ その前に出てくる le directeur（男性単数名詞）にかかる形容詞です．
⑥ 「講義」の綴り字に注意しましょう（④と同じ綴り字ですが，意味は異なります）．単数でも複数でも語末に -s が付きます．ここでは冠詞 des が示すように，複数として用いられているので professionnel も複数になります．

訳例

　私は人生の夢を実現することができた者です．というのは私はある素晴らしい男性との偶然の出会いによって音楽家になることができたからです．もっと若かったころ，私は勉強についていくのが大変で，そこから逃避するために小さなグループでときどきギターを弾いていました．あるパーティーで，私は私のように音楽に夢中になっている教育センターの所長に出会い，その人のおかげで専門的な講義を受けることができました．このようにして私は音楽家になったのです．

問題 8

読まれるテキスト

　Hier matin, je ne voulais rien faire. Je *ne* comptais *ni* voir *personne ni* aller *nulle part*①. Je n'avais pas du tout la force de *m'habiller*②. *Évidemment*③, je n'avais *aucune envie*④ de prendre mon petit déjeuner. Je *m'étendais*⑤ sur le canapé *lorsqu'une*⑥ de mes collègues *m'a appelée*⑦. Elle était fort satisfaite du concert que je lui avais conseillé. À vrai dire, c'est ma sœur qui avait découvert *la première*⑧ le charme de ce concert. Mais en tout cas, j'étais *contente*⑨ de partager l'émotion de cette collègue et j'ai repris des forces.

① 〈ne ... ni ... ni〉と〈ne ... personne〉，そして〈ne ... nulle part〉が合わさった文章です．part は女性名詞ですから nul も女性形です．
② 使われている動詞は代名動詞 s'habiller「着替える」です．前置詞 de の後で不定詞として用いられています．再帰代名詞のみ主語に合わせます．
③ 綴り字に注意が必要な副詞です．二重子音字 -mm- を忘れずに．
④ 音からもわかりますが，envie（女性単数名詞）に合わせて aucun も女性単数形にします．
⑤ 代名動詞 s'étendre「横になる」の半過去形です．
⑥ lorsque の後のエリジョンに注意しましょう．同僚が女性ということも音から聞き取れます．
⑦ 〈appeler +人〉で「（人）に電話する」の意味です．過去分詞は直接目的の「私 (m')」に一致します．「私」が女性であることはここではわかりませんが，⑨ が女性形の発音になっていることで初めてはっきりします．男性か女性かがわからない場合は印をつけておいて，判明してから形容詞や過去分詞の一致をチェックし直しましょう．
⑧ ここでは「最初に」と副詞的に使われています．ma sœur にかかるため女性単数形です．

訳例

　昨日の朝，私は何もしたくありませんでした．誰かに会ったりどこかへ行ったりする気になれませんでした．着替えをする力もまったくありませんでした．もちろん，朝食を食べようという気持ちも全然なかったのです．ソファで寝転がっていると，同僚のひとりが私に電話してきました．彼女は私が勧めたコンサートに大満足でした．実を言うと，このコンサートの魅力を最初に発見したのは私の姉（妹）です．でもとにかく，私はこの同僚と感動を共有できたことが嬉しくなってやる気を取り戻しました．

第2部

		page
第4章	数の聞き取りトライアル	59
第5章	仏検対策 聞き取り問題 1	64
第6章	同意語・反意語連想トライアル	87
第7章	仏検対策 聞き取り問題 2	92

第4章 数の聞き取りトライアル

聞き取り試験の 1 と 2 では，数の聞き取りに関する問題がよく出題されます．単独の数字ではなく，文章の流れを追いながら，人数，値段，時間，年数，年号，割合などを正確に聞き取る力が試されるのです．

そこで第4章では聞き取り試験 1 の準備として，数の聞き取りの練習を集中的に行います．

1〜100までの基本的な数字であっても deux と douze, cinq と cent など発音が似ている数字や，後に an(s), euro(s), heure(s) など母音で始まる語が続く場合などは聞き間違えてしまうことがよくあります．自信を持って聞き分けられるよう何度も CD を聞いて音の特徴に慣れておきましょう．

また年号を表す4桁の数字や million を使う大きな数については，音として聞き取れても数字が思い浮かばないことがあります．たとえば，2010年と読み上げられた場合に，*deux mille dix* のようにフランス語を書くのではなく *2010* と数字を書く練習をしておくと，音と数字が結び付きやすくなります．

概数，序数，分数などは語彙の中でも「数に関する語」としてまとめておくと覚えやすいでしょう．

CD を活用して耳を慣らし，数を聞き取る力を高めてください．

問題 1 CD を聞き，文章のなかで読まれている数を数字で書きなさい． [▶解答 p.62]

① Ce livre coûte (　　) euros.
② Ces chaussures coûtent (　　) euros.
③ Ce tableau coûte (　　) euros.
④ Ce tableau coûte (　　) euros.
⑤ Ce tableau coûte (　　) euros.
⑥ Il a acheté (　　) roses.
⑦ Il a acheté (　　) roses.
⑧ Il faut compter (　　) heures de vol.
⑨ Il faut compter (　　) heures de vol.
⑩ Il faut compter (　　) heures de vol.
⑪ Il a (　　) ans.
⑫ Il a (　　) ans.
⑬ Il a (　　) ans.
⑭ Il a (　　) ans.
⑮ Il a (　　) ans.
⑯ Elle est née en (　　).
⑰ Elle est née en (　　).
⑱ Elle est née en (　　).
⑲ Elle est née en (　　).
⑳ Elle est née en (　　).

問題 2　CDを聞き，数に関する語を書き取りなさい．[▶解答 p.63]

① Cette ville a (　　) d'habitants.
② Cette ville a (　　) d'habitants.
③ Cette ville a (　　) d'habitants.
④ Il y avait presqu'une (　　) de visiteurs dans le musée.
⑤ Il y avait seulement une (　　) d'enfants dans le parc.
⑥ Il y avait plus d'un (　　) de spectateurs dans le stade.
⑦ Il y avait moins d'une (　　) de passagers à bord.
⑧ Nous sommes au (　　) siècle.
⑨ Ils ont célébré le (　　) anniversaire de leur fils.
⑩ Ils ont célébré le (　　) anniversaire de leur fille.
⑪ Ils ont célébré le (　　) anniversaire de leur père.
⑫ J'arrive dans un (　　) d'heure.
⑬ Les deux (　　) de la classe sont absents à cause de la grippe.
⑭ Il a fini (　　) du travail.
⑮ Je vous rappelle dans une (　　)-heure.

問題 1 解答・ヒントと解説

①～⑤は数の後に euros が続く文章です．リエゾンに注意しましょう．また，⑥⑦のように子音が続く場合は，cinq [sɛ̃(k)] と cent [sɑ̃] の発音が似て聞こえます．

⑧～⑩は後に heures が続く文章です．リエゾンにより deux heures [døzœr] と douze heures [duzœr] の音が聞き分けにくくなります．

⑪～⑮は後に ans が続く文章です．ここでもリエゾンが起きるので，deux と douze の音の違いが重要です．

⑯～⑳は年号の聞き取りです．特に 1900 年代，2000 年代は音から数字をすぐに思い浮かべられるようにしましょう．

訳例

① この本は 5 ユーロです．　② この靴は 100 ユーロです．　③ この絵は 10000 ユーロです．　④ この絵は 5000 ユーロです．　⑤ この絵は 500 ユーロです．　⑥ 彼はバラを 100 本買いました．　⑦ 彼はバラを 5 本買いました．　⑧ 12 時間の飛行時間をみておかなければなりません．　⑨ 2 時間の飛行時間をみておかなければなりません．　⑩ 10 時間の飛行時間をみておかなければなりません．　⑪ 彼は 2 歳です．　⑫ 彼は 12 歳です．　⑬ 彼は 92 歳です．　⑭ 彼は 82 歳です．　⑮ 彼は 62 歳です．　⑯ 彼女は 1976 年に生まれました．　⑰ 彼女は 1995 年に生まれました．　⑱ 彼女は 2012 年に生まれました．　⑲ 彼女は 1989 年に生まれました．　⑳ 彼女は 2005 年に生まれました．

解答

① 5　② 100　③ 10 000　④ 5 000　⑤ 500　⑥ 100　⑦ 5
⑧ 12　⑨ 2　⑩ 10　⑪ 2　⑫ 12　⑬ 92　⑭ 82
⑮ 62　⑯ 1976　⑰ 1995　⑱ 2012　⑲ 1989　⑳ 2005

問題 2 解答・ヒントと解説

　①〜③は million を使った大きな数の聞き取りです．〈,〉は virgule と読みます．また，million を使うときは後続の名詞の前に de を入れることも確認しておきましょう．

　④〜⑦は概数です．millier だけは男性名詞で un millier de となるので要注意です．

　⑧〜⑪は序数です．「21 世紀」は正確に覚えましょう．deuxième [døzjɛm] と douzième [duzjɛm] は音が似ているので注意しましょう．

　⑫〜⑮は分数です．分数表現をまとめておくと，

1/2	un(e) demi(e)	1/3 un tiers	2/3 deux tiers
1/4	un quart	3/4 trois quarts	
1/5	un cinquième	4/5 quatre cinquièmes	

となります．1/5 以降は序数詞を用います．また，un quart d'heure「15 分」，une demi-heure「30 分」はよく使われます．

訳例

① この街は人口 1000 万人です．　② この街は人口 300 万人です．　③ この街は人口 130 万人です．　④ 美術館には 30 人ぐらいの人がいました．　⑤ 公園には 10 人ぐらいの子どもしかいませんでした．　⑥ スタジアムには約 1000 人以上の観客がいました．　⑦ 機内には約 100 人弱の乗客がいました．　⑧ 今は 21 世紀です．　⑨ 彼らは息子の 12 歳の誕生日を祝いました．　⑩ 彼らは娘の 2 歳の誕生日を祝いました．　⑪ 彼らは父親の 76 歳の誕生日を祝いました．　⑫ 私は 15 分後に着きます．　⑬ インフルエンザでクラスの 3 分の 2 が欠席です．　⑭ 彼は仕事の 5 分の 4 は終えました．　⑮ また 30 分後にお電話します．

解答

① 10 millions (10 000 000) 　② 3 millions (3 000 000) 　③ 1,3 million (1 300 000)
④ trentaine 　⑤ dizaine 　⑥ millier 　⑦ centaine
⑧ vingt et unième 　⑨ douzième 　⑩ deuxième 　⑪ soixante-seizième
⑫ quart 　⑬ tiers 　⑭ quatre cinquièmes 　⑮ demi

　フランス語では 1000 ごとの位取りは空白をあけたり〈.〉(point) を用いて表します．また小数点は〈,〉(virgule) で表します．

第5章 仏検対策 聞き取り問題 ①

　第5章では聞き取り試験①と同じ形式の問題を解いてみましょう．

　聞き取り試験①はインタビューや対話などのテキストを聞き，それに関する質問に答える問題です．
　応答は5つ程度あり，その後の質問も5つ読み上げられます．
　答えの文章は空欄つきであらかじめ与えられており，適切な語を書いて完成させる形式となります．空欄は全部で8つあります．テキストと質問は2回ずつ読まれ，最後にもう一度テキストが読まれます．

　この問題を解くときのコツは，まず答えの文章に目を通しある程度の予想を立てながらテキストを聞くことです．5W1H（いつ？　どこで？　誰が？　何が？　なぜ？　どのように？）を意識することが大切です．また数に関する表現（時間，年号，年齢，値段など）はよく問われますので，数が出てきたらそれが何を意味するのかを考え，メモを取りましょう．第4章「数の聞き取りトライアル」の練習問題も参照してください．
　質問の順序は多くの場合，読み上げられるテキストの応答の順序に対応しています．ただし，2つの対話にまたがる内容をまとめて問われたり，読み上げ文とは異なる言い回しを使った問いが用いられることもあります．焦らずに落ち着いて問題を聞き取りましょう．

　なお，仏検の試験ではインタビュー形式のテキストがほとんどですが，時に対話形式のものも出題されます．本書の練習問題は平易な対話形式の問題から始め，段々と難易度を上げてインタビュー形式の問題に挑戦できるような構成になっています．

【問題 1】

注意事項
- まず，定年退職したばかりの Madame Avril と近所の人の対話を聞いてください．
- 続いて，それについての5つの質問を読みます．
- もう1回，対話を聞いてください．
- もう1回，5つの質問を読みます．1問ごとにポーズをおきますから，その間に，答えを書いてください．
- それぞれの（ ）内に1語入ります．
  答えを書く時間は，1問につき10秒です．
- 最後に，もう1回対話を聞いてください．
- 数を記入する場合は，算用数字で書いてください．
  （メモは自由にとってかまいません）

〈 CD を聞く順番〉 🎧 54 ➡ 55 ➡ 54 ➡ 56 ➡ 54

① Non, elle a pris sa (　　) il y a (　　) semaines.
② Parce qu'elle veut (　　) le même (　　) de vie.
③ Elle aime faire du (　　).
④ Elle va faire un (　　) à Vienne pour (　　) visite à une amie.
⑤ Elle doit faire (　　) à sa santé.

解答欄

① _____　_____
② _____　_____
③ _____
④ _____　_____
⑤ _____

[▶解答 p.66]

ヒントと解説・解答

問題 1 〔ヒントと解説〕

① 「アヴリル夫人はもう働いていないのですか？」
　💡 対応箇所は最初の応答です．否定疑問で尋ねていますから，「働いていない」場合は non で答えます．〈prendre sa retraite〉は「定年退職する」という意味です．

② 「なぜアヴリル夫人は遅く起きないのですか？」
　💡 2番目の応答の内容です．rythme の綴り字に注意しましょう．

③ 「アヴリル夫人はどんな活動をするのが好きですか？」
　💡 3番目の応答に対応しています．「日中何をしているか？」と聞かれて，「多くの時間をガーデニングに割いている」と答えているので，彼女の活動はガーデニングです．「野菜作りが趣味の1つ」とも言っていますが，ここでは解答欄の前の冠詞が du なので，légumes を入れることはできません．

④ 「アヴリル夫人はどこに旅行する予定ですか？」
　💡 4番目の応答で説明されています．voyager と〈faire un voyage〉は同意表現，「人」を訪問する場合は，〈rendre visite à ＋人〉を用います．

⑤ 「アヴリル夫人は新生活を満喫するために何をしなければならないですか？」
　💡 最後の応答内容です．〈faire attention à〉は「～に気を付ける」という熟語です．

🎧 〔読まれるテキスト〕
54

le voisin :	Bonjour Madame, vous n'allez plus travailler au bureau ?
Madame Avril :	Non. J'ai pris ma retraite il y a 6(six) semaines.
le voisin :	Alors vous devez avoir beaucoup de temps libre maintenant. Vous pouvez faire la grasse matinée, n'est-ce pas ?
Madame Avril :	Il est vrai que je suis moins occupée, mais je me lève quand même tôt comme d'habitude pour garder le même rythme de vie.
le voisin :	Qu'est-ce que vous faites dans la journée ?
Madame Avril :	Je consacre beaucoup de temps au jardinage. Cultiver des légumes, c'est un de mes passe-temps. Quand il pleut, je reste à la maison pour lire ou regarder la télévision.
le voisin :	Vous avez peut-être un projet de voyage ?
Madame Avril :	Justement, j'ai l'intention de rendre visite à une amie qui habite à Vienne.
le voisin :	Vous avez de la chance ! J'espère que vous vous porterez bien pour pouvoir bien profiter de votre nouvelle vie.
Madame Avril :	Merci beaucoup. Il faut que je fasse très attention à ma santé d'autant plus que je ne suis plus toute jeune.

読まれる質問

① Madame Avril ne travaille-t-elle plus ?
② Pourquoi Madame Avril ne se lève-t-elle pas tard ?
③ Quelles activités est-ce que Madame Avril aime faire ?
④ Où Madame Avril va-t-elle voyager ?
⑤ Qu'est-ce que Madame Avril doit faire pour bien profiter de sa nouvelle vie ?

訳例

近所の人：	こんにちは，奥さん．あなたはもう会社に行かないのですか？
アヴリル夫人：	はい，6週間前に定年退職したんです．
近所の人：	それなら今は自由な時間がたくさんあるんでしょうね．朝寝坊もできるんじゃないですか？
アヴリル夫人：	確かに前よりも暇になりましたが，それでも私は同じ生活リズムを守るためにいつも通り早起きしています．
近所の人：	日中は何をしているのですか？
アヴリル夫人：	長い時間ガーデニングをしています．野菜作りは私の趣味の1つです．雨が降っているときは家にいて読書をしたりテレビを見たりしています．
近所の人：	もしかするとご旅行の計画もあるのでは？
アヴリル夫人：	ええ，ちょうどウィーンに住んでいる女友だちを訪ねようと思っているところです．
近所の人：	それはいいですね！新生活を満喫できるように御健康をお祈りしています．
アヴリル夫人：	ありがとうございます．もう若くはないだけに健康には十分気をつけなくてはいけませんね．

解答

① Non, elle a pris sa (**retraite**) il y a (**6**) semaines.
② Parce qu'elle veut (**garder**) le même (**rythme**) de vie.
③ Elle aime faire du (**jardinage**).
④ Elle va faire un (**voyage**) à Vienne pour (**rendre**) visite à une amie.
⑤ Elle doit faire (**attention**) à sa santé.

＊ここからは問題のみを記載します．聞き取りの要領は 問題1 の指示 (p.65) を参照してください．

問題 2

Anne とタクシー運転手の対話を聞いてください．[▶解答 p.72]

〈CD を聞く順番〉🎧 57 ➡ 58 ➡ 57 ➡ 59 ➡ 57

① Parce que son (　　) commence dans un (　　) d'heure.
② C'est tout (　　).
③ Parce qu'il veut éviter les (　　).
④ Oui, il dit à Anne de lui (　　) (　　).
⑤ Non, il y a très (　　) des (　　).

問題 3

警官と Monsieur Martin の対話を聞いてください．[▶解答 p.74]

〈CD を聞く順番〉🎧 60 ➡ 61 ➡ 60 ➡ 62 ➡ 60

① Il y avait toutes ses (　　) importantes : son passeport, son (　　) et son portable.
② Ça s'est passé il y a à peu près (　　) minutes, devant la (　　).
③ Il (　　) le plan de la ville.
④ Il était jeune, (　　) et il portait un jean et un T-shirt (　　).
⑤ Parce qu'en (　　), il y a beaucoup de vols de ce genre.

問題 4

自転車競技選手の Bruno へのインタビューを聞いてください．[▶解答 p.76]

〈CD を聞く順番〉 63 ➡ 64 ➡ 63 ➡ 65 ➡ 63

① Il l'est devenu quand il avait (　) ans.
② Il travaillait comme (　).
③ Un jour, des cyclistes qui s'entraînaient lui ont proposé de faire la (　), et c'est lui qui a (　).
④ Il faut savoir se contrôler pour avoir une vie (　) et (　).
⑤ Il leur conseille d'(　) différents sports pour trouver celui qui leur (　).

問題 5

歌手の Yvonne へのインタビューを聞いてください．[▶解答 p.78]

〈CD を聞く順番〉 66 ➡ 67 ➡ 66 ➡ 68 ➡ 66

① Elle chante professionnellement depuis (　).
② Parce qu'un jour, elle s'est (　) qu'elle avait (　) de chanter devant tout le monde.
③ Oui, et pour cela elle a toujours son petit (　) avec elle pour noter ses (　).
④ Elle va en donner une (　).
⑤ Elle (　) des ateliers pour les (　).

問題 6

獣医の Xavier へのインタビューを聞いてください．[▶解答 p.80]

〈CD を聞く順番〉 🎧 69 ➡ 70 ➡ 69 ➡ 71 ➡ 69

① Il a choisi ce métier sous l'influence de ses (   ).
② En (   ), il y en a (   ).
③ Il est heureux de voir des animaux qui présentaient un (   ) grave se (   ).
④ Il est (   ) quand les maîtres ne veulent pas écouter ses (   ).
⑤ Il vaut mieux leur faire passer régulièrement un examen (   ).

問題 7

「1 行手紙コンクール」主催者の André へのインタビューを聞いてください．

〈CD を聞く順番〉 🎧 72 ➡ 73 ➡ 72 ➡ 74 ➡ 72

[▶解答 p.82]

① C'est un concours qui a été créé en (   ). Les candidats écrivent une lettre en une phrase qui comporte au maximum 20 (   ).
② Oui, il peut participer dans la (   ) « (   ) et adolescents ».
③ Plus de (   ) lettres ont été envoyées.
④ Par exemple, un ancien (   ) ou un bébé qui va (   ).
⑤ À son avis, il faut faire attention de ne pas y mettre tous ses (   ).

問題 8

料理本を出版した Nathalie へのインタビューを聞いてください．[▶解答 p.84]

〈CD を聞く順番〉 🎧 75 ➡ 76 ➡ 75 ➡ 77 ➡ 75

① Elle en avait écrit (　　)．
② Le frère de Nathalie a été malade pendant (　　) ans et elle a réuni les recettes des soupes qu'elle avait (　　) pour soigner son frère．
③ On peut y sentir les (　　) et les (　　) de cette saison．
④ Non, elles sont (　　)．
⑤ On peut y trouver de l'(　　), de l'amitié et de la (　　)．

問題 2　ヒントと解説

① 「なぜアンヌは急いでいるのですか？」
　最初の応答でアンヌが説明しています．「自分の授業が 15 分後に始まる」ので急いでいるのです．授業の綴りは cours で語末に発音されない子音 -s が付きます．また〈un quart d'heure〉は 1 時間の 4 分の 1，つまり 15 分です．

② 「大学に行くための一番の近道はどのような道ですか？」
　2 番目の応答に対応しています．右折しようとした運転手に対し，「最短の道はまっすぐではないか？」とアンヌが抗議し，運転手は「その通り」と答えています．droite「右」と droit「まっすぐに」の音の違いを聞き分けましょう．

③ 「なぜ運転手は回り道をするのですか？」
　2 番目の応答で運転手が答えています．現在工事が行われているのでそれを避けようとしたのです．travail は複数形で「工事」という意味になります．答えの文で使われている il veut éviter は対話文中には出て来ませんが，「〜を避けたいので」という意味を理解し答えを導き出しましょう．

④ 「運転手は時間通りに着けることを確信していますか？」
　3 番目の応答に対応しています．アンヌがそう尋ねたのに対し，運転手が Faites-moi confiance と答えています．〈faire confiance à ＋人〉は「(人) を信頼する，(人) に任せる」という意味です．

⑤ 「運転手が選んだ道では朝渋滞が起こりますか？」
　3 番目の応答で説明されています．rarement は肯定文で使われて「めったに〜ない」という否定のニュアンスになります．

読まれるテキスト

Anne : Bonjour, Monsieur. Vous pouvez m'amener à l'université, s'il vous plaît ? Je suis très pressée. Mon cours commence dans un quart d'heure.

le chauffeur de taxi : D'accord, Madame.

Anne : Mais pourquoi tournez-vous à droite ? L'université, c'est par là. Le chemin le plus court, c'est tout droit, n'est-ce pas ?

le chauffeur de taxi : Vous avez raison, mais en ce moment on fait des travaux là-bas. Je vais faire un petit détour en prenant cette rue à droite, mais ça ne prendra pas plus de temps.

Anne : Vous êtes sûr que j'arriverai à l'heure ?

le chauffeur de taxi : Faites-moi confiance, Madame. Il n'y a qu'un feu rouge et en plus, il y a très rarement des embouteillages le matin.

Anne : Je vois. Si ça roule bien, il n'y a pas de problème. Continuez comme ça, s'il vous plaît.

le chauffeur de taxi : Entendu, Madame.

読まれる質問

① Pourquoi Anne est-elle pressée ?
② Quel est le chemin le plus court pour aller à l'université ?
③ Pourquoi le chauffeur fait-il un détour ?
④ Le chauffeur est-il sûr d'être à l'heure ?
⑤ Y a-t-il des embouteillages le matin sur le chemin que le chauffeur prend ?

訳例

アンヌ： 大学までお願いできますか？ とても急いでいます．15分後に授業が始まるのです．
タクシー運転手：かしこまりました．
アンヌ： どうして右に曲がるのですか？ 大学はこちらですよ．まっすぐ行くのが一番近道なのではないですか？
タクシー運転手：確かにそうなんですが，今あそこで工事をしているんですよ．右に曲がると少し回り道になりますが，そんなに時間はかかりません．
アンヌ： ちゃんと時間通りに着けるんでしょうか？
タクシー運転手：お任せください．信号は1つしかありませんし，朝はほとんど渋滞もありませんから．
アンヌ： わかりました．すいすい行けるなら問題ありません．このままお願いします．
タクシー運転手：かしこまりました．

解答

① Parce que son (**cours**) commence dans un (**quart**) d'heure.
② C'est tout (**droit**).
③ Parce qu'il veut éviter les (**travaux**).
④ Oui, il dit à Anne de lui (**faire**) (**confiance**).
⑤ Non, il y a très (**rarement**) des (**embouteillages**).

問題 3　ヒントと解説

① 「マルタン氏のバッグには何が入っていましたか？」
　💡 最初の応答で，盗難届を出しに来たマルタン氏が説明しています．affaire の複数形には「所持品，身の回り品」という意味があります．「財布」は feuille「紙幣」と porte-「持つこと」の合成語です．

② 「それはいつどこで起こったのですか？」
　💡 対応箇所は 2 番目の応答です．時と場所は常に意識しましょう．

③ 「男にバッグを奪われたときマルタン氏は何をしていましたか？」
　💡 3 番目の応答で説明されています．「地図を見ていた」のですから，動詞は半過去にします．

④ 「マルタン氏はどのように泥棒を描写していますか？」
　💡 4 番目の応答内容です．「すらりとした，ほっそりとした」という形容詞を入れます．

⑤ 「なぜ警官はマルタン氏のバッグを見つけるのは難しいだろうと考えているのですか？」
　💡 最後の応答で説明されています．「夏に」のリエゾンに注意しましょう．

読まれるテキスト

l'agent de police : Qu'y a-t-il, Monsieur ?
Monsieur Martin : Je viens faire une déclaration de vol. On m'a volé mon sac. J'avais mis toutes mes affaires importantes : mon passeport, mon portefeuille et mon portable !
l'agent de police : Ça s'est passé quand et où ?
Monsieur Martin : Il y a à peu près 5(cinq) minutes, devant la poste.
l'agent de police : Vous êtes blessé ?
Monsieur Martin : Heureusement non. Je regardais le plan de la ville pour vérifier une adresse quand un type s'est approché de moi à vélo. Il a pris brusquement mon sac.
l'agent de police : Vous avez eu le temps de voir comment était le voleur ?
Monsieur Martin : Oui, il était jeune, mince, et il portait un jean et un T-shirt gris.
l'agent de police : On vous contactera si on le retrouve, mais je pense que ce sera difficile. Vous savez, il y a beaucoup de vols de ce genre en été.
Monsieur Martin : C'est terrible !

読まれる質問

① Qu'est-ce qu'il y avait dans le sac de M. Martin ?
② Ça s'est passé quand et où ?
③ Qu'est-ce que M. Martin faisait quand un type lui a volé son sac ?
④ Comment M. Martin décrit-il le voleur ?
⑤ Pourquoi l'agent de police pense-t-elle que l'on aura des difficultés pour retrouver le sac de M. Martin ?

訳例

警官：　　　どうなさいましたか？
マルタン氏：盗難届を出しに来ました．バッグを盗まれたんです．大事なもの全部，つまりパスポートや財布や携帯電話を入れていたんです！
警官：　　　いつどこで盗まれたのですか？
マルタン氏：約5分前，郵便局の前でです．
警官：　　　お怪我はありますか？
マルタン氏：幸いにもありませんでした．ある住所を確認しようとして私が街の地図を見ていたときに1人の男が自転車で近づいてきました．そして突然バッグを奪ったのです．
警官：　　　泥棒がどんな様子だったか見る時間はありましたか？
マルタン氏：はい，若くてほっそりしていて，ジーンズとグレーのTシャツを着ていました．
警官：　　　バッグが出てきたらご連絡しますが，それは難しいだろうと思います．ご存じのように，夏にはこの種の盗難が山ほどあるんですよ．
マルタン氏：ひどいですね！

解答

① Il y avait toutes ses (**affaires**) importantes : son passeport, son (**portefeuille**) et son portable.
② Ça s'est passé il y a à peu près (**5**) minutes, devant la (**poste**).
③ Il (**regardait**) le plan de la ville.
④ Il était jeune, (**mince**) et il portait un jean et un T-shirt (**gris**).
⑤ Parce qu'en (**été**), il y a beaucoup de vols de ce genre.

問題 4 ヒントと解説

① 「ブリュノはいつプロの自転車競技選手になりましたか？」
   - 最初の応答でブリュノが「今から 5 年前，22 歳のときに」と答えています．2 つ数字が出てきますのでどちらを答えるべきか考えましょう．

② 「ブリュノは以前は何をしていましたか？」
   - 2 番目の質問とほぼ同じ文です．職業を表す語彙も復習しておきましょう．

③ 「ブリュノは自分が優秀な自転車乗りだということをどうやって発見しましたか？」
   - 3 番目の応答に対応しています．course は「競走，レース」です．gagner は「勝つ」で，ここでの時制は複合過去です．

④ 「ブリュノによれば，このスポーツをするために求められることは何ですか？」
   - 4 番目の応答の後半で説明されています．sain も régulier も vie に一致して女性単数になります．

⑤ 「ブリュノは若い人たちに何を勧めていますか？」
   - 最後の応答でのアドバイスが答えとなります．答えの文 Il leur conseille d' の後は不定詞を入れます．〈convenir à＋人〉は「（人）に適する，ふさわしい」という意味です．

読まれるテキスト

la journaliste : Bruno, quand êtes-vous devenu cycliste professionnel ?
Bruno : Il y a 5(cinq) ans, à l'âge de 22(vingt-deux) ans.
la journaliste : Qu'est-ce que vous faisiez avant ?
Bruno : J'étais facteur : je distribuais le courrier à vélo.
la journaliste : Comment avez-vous découvert votre talent pour le cyclisme ?
Bruno : C'est un peu par hasard. Un jour, comme je faisais ma tournée, j'ai vu passer des cyclistes qui s'entraînaient. Ils m'ont proposé de faire la course pour s'amuser. Contre toute attente, c'est moi qui ai gagné. C'est comme ça que je me suis rendu compte que j'étais bon.
la journaliste : Le cyclisme est un sport dur, n'est-ce pas ?
Bruno : Oui, je crois. L'entraînement quotidien est vraiment épuisant, il faut aussi savoir se contrôler pour avoir une vie saine et régulière.
la journaliste : Voulez-vous donner un conseil aux jeunes ?
Bruno : Quand on est jeune, il ne faut pas hésiter à essayer différents sports afin de trouver celui qui vous convient le mieux. C'est très important.

読まれる質問

① Quand Bruno est-il devenu cycliste professionnel ?
② Qu'est-ce que Bruno faisait avant ?
③ Comment Bruno a-t-il découvert qu'il était bon cycliste ?
④ Selon Bruno, qu'est-ce qui est demandé pour faire ce sport ?
⑤ Que Bruno conseille-t-il aux jeunes ?

訳例

記者： ブリュノさん，あなたはいつプロの自転車競技選手になったのですか？
ブリュノ： 今から5年前，22歳のときです．
記者： それ以前は何をしていたのですか？
ブリュノ： 郵便配達員でした．自転車で郵便物を配達していました．
記者： どうやって自転車競技の才能を発見したのですか？
ブリュノ： ちょっとした偶然です．ある日，郵便配達をしていたとき，私の前をトレーニング中の自転車競技選手たちが通り過ぎました．彼らは私に遊びで競走をしないかと持ちかけたのです．皆の予想に反して勝ったのは私でした．こうやって私は自分が自転車競技に強いことに気付いたのです．
記者： 自転車競技は苦しいスポーツですよね？
ブリュノ： はい，そうだと思います．日々のトレーニングには本当にぐったりしますし，健康的で規則正しい生活を送るために自制心も必要です．
記者： 若い人たちに何かアドバイスをいただけますか？
ブリュノ： 若いときには，自分に最適のスポーツを見つけるために，さまざまなスポーツに挑戦することをためらってはいけません．それはとても大切なことです．

解答

① Il l'est devenu quand il avait (**22**) ans.
② Il travaillait comme (**facteur**).
③ Un jour, des cyclistes qui s'entraînaient lui ont proposé de faire la (**course**), et c'est lui qui a (**gagné**).
④ Il faut savoir se contrôler pour avoir une vie (**saine**) et (**régulière**).
⑤ Il leur conseille d'(**essayer**) différents sports pour trouver celui qui leur (**convient**).

問題 5 ヒントと解説

① 「イヴォンヌはいつからプロとして歌っていますか？」
　💡 最初の応答に対応しています．小さいころから歌は歌っていたけれど，プロとして歌うようになった年は何年からでしょうか？　年号の聞き取りです．否定表現〈ne ... que〉が使われていますから，「〜年からようやくプロとして歌い始めた」という意味になります．

② 「なぜイヴォンヌは歌うのをやめたのですか？」
　💡 2番目の応答で「皆の前で歌うのが怖いと気付いたから」と説明されています．〈s'apercevoir de〉の複合過去が使われています．過去分詞は主語 Yvonne に一致します．

③ 「イヴォンヌは歌の歌詞を書くことはありますか？」
　💡 対応箇所は3番目の応答です．アイディアを書き留めるための「手帳」を聞き取ってください．

④ 「今年イヴォンヌは何回コンサートを開きますか？」
　💡 4番目の応答で答えています．「約50」を表す概数を聞き取ってください．

⑤ 「イヴォンヌはコンサートをしないときはどのような活動をしていますか？」
　💡 最後の応答で説明されています．〈en dehors de〉は「〜以外」，atelier には「ワークショップ」という意味があります．

読まれるテキスト

le journaliste : Vous chantez depuis combien de temps ?

Yvonne : Je chantais déjà quand j'étais toute petite, mais je n'ai commencé à chanter professionnellement que depuis 1995.

le journaliste : Vous avez arrêté de chanter pendant un certain temps ?

Yvonne : Oui. Quand j'étais petite, on me faisait chanter partout, mais un jour, je me suis aperçue que j'avais peur de chanter devant tout le monde. J'ai donc arrêté de chanter pendant 10(dix) ans. C'est revenu à 23(vingt-trois) ans.

le journaliste : Écrivez-vous des textes de chansons ?

Yvonne : Pas toujours, mais j'aime écrire des textes. J'ai toujours mon petit carnet avec moi et quand j'ai des idées, je les note tout de suite.

le journaliste : Donnez-vous beaucoup de concerts ?

Yvonne : Ça dépend des années. L'année dernière, il y en avait très peu mais cette année, je vais en donner une cinquantaine. C'est un grand plaisir pour moi de partager un bon moment avec les spectateurs.

le journaliste : Qu'est-ce que vous faites en dehors des concerts ?

Yvonne : Je dirige des ateliers de chansons pour les adolescents. On essaie de créer des chansons et de les mettre en scène. C'est une expérience formidable.

読まれる質問

① Depuis quand Yvonne chante-t-elle professionnellement ?
② Pourquoi Yvonne a-t-elle arrêté de chanter ?
③ Est-ce qu'il arrive à Yvonne d'écrire des textes de chansons ?
④ Combien de concerts Yvonne va-t-elle donner cette année ?
⑤ Quelles sont ses activités quand Yvonne ne donne pas de concerts ?

訳例

記者： あなたはいつから歌を歌っているのですか？
イヴォンヌ：とても小さいころからすでに歌っていましたが，プロとして歌い始めたのは1995年になってからです．
記者： 歌うことをやめた時期がありましたか？
イヴォンヌ：はい，私が小さかったころはあちこちで歌わされましたが，ある日皆の前で歌うのが怖いと気付いたのです．それで10年間歌うことをやめました．23歳になってまた歌い始めたのです．
記者： あなたは歌詞を書きますか？
イヴォンヌ：いつでもというわけではありませんが，歌詞を書くのは好きです．常に小さな手帳を持ち歩いていて，何かアイディアが浮かんだときにはすぐにメモしています．
記者： あなたはたくさんコンサートを開きますか？
イヴォンヌ：年によります．去年はとても少なかったですが，今年は50回ぐらいコンサートをする予定です．お客さんといい時間を共有することは私にとって大きな喜びですから．
記者： コンサート以外にはどのようなことをしていますか？
イヴォンヌ：青少年向けにシャンソンのワークショップを開いています．シャンソンを作りそれを舞台で発表しようという試みです．これは素晴らしい体験です．

解答

① Elle chante professionnellement depuis (**1995**).
② Parce qu'un jour, elle s'est (**aperçue**) qu'elle avait (**peur**) de chanter devant tout le monde.
③ Oui, et pour cela elle a toujours son petit (**carnet**) avec elle pour noter ses (**idées**).
④ Elle va en donner une (**cinquantaine**).
⑤ Elle (**dirige**) des ateliers pour les (**adolescents**).

問題 6　ヒントと解説

① 「誰の影響でグザヴィエは獣医になることを決めましたか？」
   💡 最初の応答に対応しています．答えの文に ses と書いてありますから（　）内は複数名詞です．
② 「グザヴィエのところには1日に何匹の動物が訪れますか？」
   💡 2番目の応答で説明されています．テキストでは soigner「治療する」という動詞が使われていますが，ニュアンスは同じです．il y a quinze visites を中性代名詞 en を用いて答えています．〈en moyenne〉は「平均して」という意味です．
③ 「グザヴィエは獣医であることの幸せをいつ感じますか？」
   💡 3番目の応答に対応しています．se rétablir は「健康を回復する」という意味です．また答えの文は〈voir＋名詞＋不定詞〉の知覚動詞構文になっています．
④ 「どのような状況のときにグザヴィエは困りますか？」
   💡 4番目の応答で，大変な飼い主について語った後に説明しています．「困惑した」という形容詞は -rr-, -ss- と2つの二重子音字を含みます．綴り字に気を付けましょう．
⑤ 「ペットの健康を保つにはどうするのが良いですか？」
   💡 最後の応答の Je conseille 以下で説明しています．examen はここでは「検査」という意味です．

読まれるテキスト

la journaliste : Pourquoi avez-vous décidé d'être vétérinaire ?

Xavier : Sous l'influence de mes parents, peut-être. Dès mon enfance, il y avait toujours des animaux autour de moi. On avait tantôt un chien, tantôt des chats à la maison, et on allait souvent au zoo.

la journaliste : Combien d'animaux soignez-vous par jour ?

Xavier : Ça dépend des saisons et des jours, mais en moyenne, j'en soigne 15(quinze).

la journaliste : Éprouvez-vous du bonheur à être vétérinaire ?

Xavier : Oui, assez souvent. Quand un animal qui présentait un état grave se rétablit, mais aussi quand un animal méchant devient gentil à sa deuxième visite. Je pense que c'est un travail qui en vaut la peine.

la journaliste : Pour vous, qui sont les maîtres difficiles ?

Xavier : Ceux qui ne font pas d'efforts pour comprendre l'attitude de leur animal et donc je suis embarrassé devant ces maîtres qui ne veulent pas écouter mes explications.

la journaliste : Avez-vous des conseils à donner aux personnes qui ont des animaux domestiques ?

Xavier : Il est très important d'avoir une bonne relation avec son animal et de le maintenir en bonne santé. Je conseille donc de lui faire passer régulièrement un examen médical.

読まれる質問

① Sous l'influence de qui Xavier a-t-il décidé d'être vétérinaire ?
② Combien y a-t-il de visites d'animaux chez Xavier par jour ?
③ Quand Xavier est-il heureux d'être vétérinaire ?
④ Dans quelle situation Xavier est-il embarrassé ?
⑤ Que vaut-il mieux faire pour maintenir les animaux en bonne santé ?

訳例

記者：　　あなたはなぜ獣医になろうと決めたのですか？
グザヴィエ：多分両親の影響だと思います．子どものころから私の周りにはいつも動物がいました．犬を飼ったり，猫を飼ったり，よく動物園にも行きました．
記者：　　1日に何匹ぐらいの動物を治療するのですか？
グザヴィエ：季節や日にもよりますが，平均で15匹です．
記者：　　獣医になって幸せを感じますか？
グザヴィエ：はい，かなりよくそう思います．重篤な症状があった動物が元気になったときや，凶暴な動物が2度目の来院でおとなしくなったときなどです．この仕事は努力が報われる職業だと私は思います．
記者：　　あなたにとって大変なのはどのような飼い主ですか？
グザヴィエ：自分のペットのことを理解しようとしない人たちです．つまり私の説明を聞こうとしないこういった飼い主さんたちには困っています．
記者：　　ペットを飼っている人たちに何かアドバイスはありますか？
グザヴィエ：ペットと良好な関係を持ちペットの健康を保つことはとても大切です．ですからペットに定期的な健康診断を受けさせることをお勧めします．

解答

① Il a choisi ce métier sous l'influence de ses (**parents**).
② En (**moyenne**), il y en a (**15**).
③ Il est heureux de voir des animaux qui présentaient un (**état**) grave se (**rétablir**).
④ Il est (**embarrassé**) quand les maîtres ne veulent pas écouter ses (**explications**).
⑤ Il vaut mieux leur faire passer régulièrement un examen (**médical**).

ヒントと解説・解答

問題 7 ヒントと解説

① 「『1文手紙コンクール』とは何ですか？」
　💡 最初の応答でアンドレが説明しています．年号は聞き取れたでしょうか．

② 「17歳の高校生はこのコンクールに応募することができますか？」
　💡 2番目の応答で「年齢制限はない」と言っているので答えは oui となります．ただし，16歳未満と16歳以上で部門が異なることが説明されています．

③ 「去年はこのコンクールに何通の手紙が送られましたか？」
　💡 ジャーナリストが応募者数を尋ねているところに対応しています．huit は後に子音で始まる語が続くとき -t の音を発音しません．

④ 「手紙はどのような人たちに宛てられていますか？」
　💡 4番目の応答で答えています．ここでは後半の「恩師」以下を聞き取っていきましょう．「生まれる」の accent circonflexe を忘れずに．

⑤ 「よい手紙を書くためにアンドレは何を勧めていますか？」
　💡 最後の応答に対応しています．インタビューでは〈il vaut mieux ne pas＋不定詞〉「～しない方がよい」と言っていますが，答えの文では〈il faut faire attention de ne pas＋不定詞〉「～しないように注意するのがよい」と動詞を変えた同意表現を使っています．（　）の前に ses がついていますから複数名詞が入ります．

🎧 読まれるテキスト

la journaliste : Voulez-vous présenter ce concours « lettre d'une phrase » ?

André : Avec plaisir. C'est un concours créé en 2010. Les candidats écrivent une lettre en français, à n'importe qui, mais en une phrase qui comporte au maximum 20(vingt) mots.

la journaliste : Y a-t-il des conditions d'âge pour y participer ?

André : Non, ce concours est ouvert à tout le monde. Simplement, il y a 2(deux) catégories : la catégorie « enfants » pour ceux qui ont moins de 16(seize) ans et la catégorie « adultes et adolescents » pour le reste.

la journaliste : Ces dernières années, ce concours est devenu assez connu, je crois. Combien de participants avez-vous eu l'année dernière ?

André : On en a eu plus de 800(huit cents).

la journaliste : À qui sont adressées les lettres ? Y a-t-il une tendance ?

André : Non, pas vraiment. Bien sûr, on écrit à ses parents, à ses enfants, à son bien-aimé et à sa bien-aimée, mais il y a aussi des lettres destinées, par exemple, à son ancien professeur, à son bébé qui va naître ou à une personne qu'on a croisée dans la rue.

la journaliste : Comment peut-on arriver à rédiger une bonne lettre ?

André : À mon avis, il vaut mieux ne pas y mettre tous ses sentiments. Une phrase, c'est court, mais on peut l'enrichir avec ce qu'évoquent les mots.

82

読まれる質問

① Le concours « lettre d'une phrase », qu'est-ce que c'est ?
② Un lycéen de 17(dix-sept) ans peut-il participer à ce concours ?
③ Combien de lettres ont été envoyées à ce concours l'année dernière ?
④ Quels sont les destinataires ?
⑤ Qu'est-ce qu'André conseille pour écrire une bonne lettre ?

訳例

記者：　「1文手紙コンクール」とはどのようなものか，説明していただけますか？
アンドレ：喜んで．これは2010年に設立されたコンクールです．応募者はフランス語で1通の手紙を書くことになっています．誰に宛てたものでもいいのですが，最大20語までの1文で手紙を書きます．
記者：　応募するための年齢制限はありますか？
アンドレ：いいえ，どなたでも応募できます．ただ，2つの部門があって，「子ども部門」では16歳未満が対象で，それ以外の人は「青少年・成人部門」に応募していただきます．
記者：　近年このコンクールはかなり知られるようになってきたと思います．昨年はどのくらいの応募者がいましたか？
アンドレ：800人以上でした．
記者：　それらの手紙は誰に宛てられたものですか？　何か傾向はありますか？
アンドレ：傾向はあまりありません．もちろん，両親，子どもたち，または最愛の人に書かれた手紙もありますが，例えば恩師や，これから生まれてくる赤ちゃん，通りですれちがった人に宛てた手紙もあります．
記者：　どのようにしたら良い手紙が書けるでしょうか？
アンドレ：私の考えでは，感情をすべて入れようとしない方がいいです．1文というのは短いですが，言葉が連想させるものによってそれを豊かにすることができるのです．

解答

① C'est un concours qui a été créé en (**2010**). Les candidats écrivent une lettre en une phrase qui comporte au maximum 20 (**mots**).
② Oui, il peut participer dans la (**catégorie**) « (**adultes**) et adolescents ».
③ Plus de (**800**) lettres ont été envoyées.
④ Par exemple, un ancien (**professeur**) ou un bébé qui va (**naître**).
⑤ À son avis, il faut faire attention de ne pas y mettre tous ses (**sentiments**).

問題 8 ヒントと解説

① 「ナタリは『日々のスープ』の前に何冊の本を書きましたか？」
　　💡 最初の質問とは異なる内容ですが，ナタリの答えの中で説明されています．『日々のスープ』が mon douzième livre と言ってるので，これまでに書いた本の冊数がわかります．douzième を deuxième と聞き間違えないようにしましょう．

② 「『日々のスープ』を書いた動機は何ですか？」
　　💡 2番目の応答で説明されています．お兄さんの病気は何年続いたでしょうか？ ①と似ていますが, deux ans なのか douze ans なのかの聞き分けが大切です．また，2番目の解答箇所に入る過去分詞は，先行詞 soupes に一致して女性複数になります．文法的な知識も活用してください．

③ 「ナタリによれば，旬の野菜を使ったスープの中には何を感じることができますか？」
　　💡 3番目の応答の Deuxièmement 以降で説明されています．

④ 「ナタリのレシピは簡単ですか？」
　　💡 4番目の応答に対応します．インタビューでは compliqué を使っていますが，読まれる質問の中では反対語の simple を用いています．また主語は elles(recettes) ですから，形容詞の一致にも注意しましょう．

⑤ 「ナタリのスープには何を見つけることができますか？」
　　💡 最後の応答で説明されています．長い答えですが聞き取るべき部分は最後の1行です．

🎧 読まれるテキスト
75

le journaliste : Avez-vous récemment écrit un livre ?

Nathalie : Oui, mon livre intitulé *Soupes de tous les jours* a été publié le mois dernier．C'est mon douzième livre．

le journaliste : Ce livre est né de votre propre expérience ?

Nathalie : Oui, tout à fait．Mon frère aîné a été malade pendant 2(deux) ans, et au cours de cette période, il ne pouvait manger que de la soupe．Donc j'ai réuni les recettes des soupes que j'avais faites pour mon frère．

le journaliste : Vous dites que la soupe est un plat fascinant．D'où vient votre idée ?

Nathalie : Premièrement, tout le monde peut manger de la soupe, des enfants jusqu'aux personnes âgées et même des malades．Deuxièmement, si on utilise des légumes de saison, on pourra y sentir les goûts et les odeurs de cette saison．

le journaliste : Vos recettes sont un peu compliquées, n'est-ce pas ?

Nathalie : Oui, peut-être mais je pense que, plus on met de temps et de minutie, meilleur est le goût．

le journaliste : On dit souvent qu'il y a quelque chose de chaleureux dans votre soupe.
Nathalie : En principe, beaucoup de gens font la cuisine pour ceux qui leur sont chers et c'est la même chose pour ma soupe. On peut donc y trouver de l'affection, de l'amitié et de la tendresse.

読まれる質問

① Combien de livres Nathalie avait-elle écrit avant *Soupes de tous les jours* ?
② Quel est le motif de *Soupes de tous les jours* ?
③ Selon Nathalie, qu'est-ce qu'on peut sentir dans les soupes avec des légumes de saison ?
④ Est-ce que les recettes de Nathalie sont simples ?
⑤ Que peut-on trouver dans la soupe de Nathalie ?

訳例

記者： 最近本をお書きになりましたか？
ナタリ： はい，『日々のスープ』という本が先月出版されました．これは私の12冊目の本です．
記者： この本はあなたご自身の体験から生まれたのですか？
ナタリ： はい，その通りです．私の兄は2年間病気を患っていましたが，その間スープしか飲むことができませんでした．そこで，私は兄のために作ったスープのレシピをまとめたのです．
記者： あなたはスープは魅力的な料理であるとおっしゃっていますが，その理由を説明してください．
ナタリ： 第1に，子どもから年配の人まで，そして病人でさえも皆がスープを飲むことができるからです．第2に，旬の野菜を使えばスープからその季節の味や香りを感じることができるからです．
記者： あなたのレシピは少し複雑ではないですか？
ナタリ： 多分そうですね．でも私は，時間と手間をかければかけるほど味が良くなると考えているのです．
記者： あなたのスープには何かあたたかいものがある，とよく言われていますね．
ナタリ： 一般的に，多くの人は大切な人のために料理を作るものですが，私のスープも同様です．ですから私のスープには愛情や友情，そして優しさがあるのでしょう．

[解答]
① Elle en avait écrit (**11**).
② Le frère de Nathalie a été malade pendant (**2**) ans et elle a réuni les recettes des soupes qu'elle avait (**faites**) pour soigner son frère.
③ On peut y sentir les (**goûts**) et les (**odeurs**) de cette saison.
④ Non, elles sont (**compliquées**).
⑤ On peut y trouver de l'(**affection**), de l'amitié et de la (**tendresse**).

第6章 同意語・反意語連想トライアル

　聞き取り試験の2では，同意語や反意語に関する知識を問われる問題が出題されることがよくあります．読み上げられた文を異なる表現で言い換えた文を聞き，それが同じ内容の事柄なのか別の意味なのかを判断しなければなりません．

　たとえば，Cette question est facile. を Cette question est difficile. と言い換えると逆の意味になりますが，Cette question n'est pas difficile. とすれば，これは最初の文章とほぼ同じ意味になります．語彙レベルで同意語，反意語を覚え，それが文章の中でどのように使われているのかを耳で聞き取れるように力をつけていきましょう．

　第6章では聞き取り試験2の準備として，文章を聞き，その中で使われている語の同意語や反意語を思い浮かべてその単語を書く練習を行います．

🎧 **問題 1** CD を聞き，例にならって，読まれたフランス語と同じ意味になるように（　）に適語を入れなさい（単語の最初の文字は書かれています）．[▶解答 p.90]

例）（録音文）Elle s'est levée de bonne heure ce matin.
（問題文）Elle s'est levée (t　　) ce matin.　　　答は tôt

① Elle va à la gym (c　　) mardi.

② Je me rends à Osaka tous les (t　　) mois.

③ Il est au (c　　) depuis un mois.

④ Elle a (u　　) mon dictionnaire électronique.

⑤ Je fais (p　　) de cette chorale.

⑥ Mon supérieur a séjourné à Londres pendant (q　　) jours.

⑦ La petite fille s'est (f　　).

⑧ Cette nouvelle a (é　　) tout le monde.

⑨ Il est (d　　) de fumer dans ce bistrot.

⑩ Soudain, il s'est (m　　) à pleuvoir.

⑪ C'est une fête (a　　).

⑫ Il y avait de (n　　) manifestants dans la rue.

🎧 **問題 2** CD を聞き，例にならって，読まれたフランス語と反対の意味になるように（　）に適語を入れなさい（単語の最初の文字は書かれています）．[▶解答 p.91]

例）（録音文）Elle s'est garé devant la crêperie.
　　（問題文）Elle s'est garé (d　　) la crêperie.　　答は derrière

① Est-ce qu'il est (c　　) ?

② Le commissariat est (l　　) de la gare.

③ Les chaussures de ce magasin sont très (c　　).

④ La station-service est (f　　).

⑤ Mon frère (c　　) travaille comme comptable chez Sony.

⑥ Ma nièce va à l'école (p　　).

⑦ Vous êtes (p　　) cette mesure ?

⑧ Il cherche une chemise à manches (c　　).

⑨ Mes enfants sont tous (m　　).

⑩ La salle de théâtre était (p　　).

⑪ Mon fils a acheté une voiture (n　　).

⑫ C'est une actrice (p　　) connue.

問題 1 ヒントと解説

① Elle va à la gym tous les mardis.
「彼女は毎週火曜日にジムへ行きます。」
💡〈tous les ＋曜日〉は「毎週○曜日」です．

② Je me rends à Osaka 4(quatre) fois par an.
「私は1年に4回大阪に行きます。」
💡「1年に4回」は「3ヶ月ごと」と同じです．

③ Il est sans emploi depuis un mois.
「彼は1ヶ月前から仕事がありません。」
💡〈sans emploi〉は「失業している」です．

④ Elle s'est servie de mon dictionnaire électronique.
「彼女は私の電子辞書を使いました。」
💡〈se servir de〉は「〜を使う」という意味です．

⑤ Je suis membre de cette chorale.
「私はこの合唱団のメンバーです。」
💡「〜に所属する」という faire を用いた熟語です．

⑥ Mon supérieur a séjourné à Londres pendant 2(deux) semaines.
「私の上司は2週間ロンドンに滞在しました。」
💡〈huit jours〉は「1週間」です．2週間の言い換えは？

⑦ La petite fille s'est mise en colère.
「その少女は怒り出しました。」
💡〈se mettre en colère〉は「怒る」という意味です．

⑧ Cette nouvelle a surpris tout le monde.
「この知らせは皆を驚かせました。」
💡〈surprendre＋人〉は「（人）を驚かせる」という意味です．

⑨ Il est interdit de fumer dans ce bistrot.
「このビストロでは禁煙です。」
💡 interdit は「禁止された」です．

⑩ Soudain, il a commencé à pleuvoir.
「突然雨が降り出しました。」
💡〈commencer à＋不定詞〉は「〜し始める」です．代名動詞で言い換えると？

⑪ C'est une fête que nous faisons tous les ans.
「これは毎年行っているお祭りです。」
💡〈tous les ans〉は「毎年」．副詞的に使われています．an の形容詞は？

⑫ Il y avait beaucoup de manifestants dans la rue.
「通りにはたくさんのデモ参加者がいました。」
💡〈beaucoup de＋名詞〉は「たくさんの」を表します．形容詞で言い換えると？

解答

① chaque ② trois ③ chômage ④ utilisé ⑤ partie ⑥ quinze
⑦ fâchée ⑧ étonné ⑨ défendu ⑩ mis ⑪ annuelle ⑫ nombreux

問題 2 ヒントと解説

① Est-ce qu'il est marié ?
「彼は結婚していますか？」
💡 〈marié〉は「既婚の」．反意語「独身の」は？

② Le commissariat est près de la gare.
「警察署は駅の近くです．」
💡 〈près de〉は「～の近くに」．反意語「～の遠くに」は？

③ Les chaussures de ce magasin sont très bon marché.
「この店の靴はとても安いです．」
💡 〈bon marché〉は「安い」．「高い」は？ bon marché は語尾変化しませんが，形容詞「高い」は名詞に一致させます．

④ La station-service est ouverte.
「ガソリンスタンドは開いています．」
💡 ouvert が聞き取れれば反意語も思い浮かぶでしょう．いずれも女性単数です．

⑤ Mon frère aîné travaille comme comptable chez Sony.
「私の兄はソニーで会計士をしています．」
💡 〈frère aîné〉「兄」，〈grand frère〉とも言います．「弟」は〈petit frère〉または？

⑥ Ma nièce va à l'école privée.
「私のめいは私立学校に通っています．」
💡 privé の反対は「公の」です．女性単数にします．

⑦ Vous êtes contre cette mesure ?
「あなたはこの措置に対して反対ですか？」
💡 contre は「～に反対の」．「～に賛成の」は？

⑧ Il cherche une chemise à manches longues.
「彼は長袖のワイシャツを探しています．」
💡 long は「長い」．「短い」は？ 女性複数にします．

⑨ Mes enfants sont tous majeurs.
「私の子どもたちは皆成人しています．」
💡 majeur は「成人した」．「未成年の」は？

⑩ La salle de théâtre était vide.
「劇場はがらがらでした．」
💡 vide は「空の」．p で始まる「満員の」は？ 女性単数にします．

⑪ Mon fils a acheté une voiture d'occasion.
「私の息子は中古車を買いました．」
💡 d'occasion は「中古の」．「新品の」は？ 女性単数にします．nouvelle を入れると「新型車」という意味になるので注意しましょう．

⑫ C'est une actrice très connue.
「それはとても有名な女優です．」
💡 très の反意語は「あまり～ない」になります．

解答
① célibataire ② loin ③ chères ④ fermée ⑤ cadet ⑥ publique
⑦ pour ⑧ courtes ⑨ mineurs ⑩ pleine ⑪ neuve ⑫ peu

第7章 仏検対策 聞き取り問題 2

　第7章では，聞き取り試験 2 と同じ形式の問題を解いてみましょう．

　聞き取り試験問題 2 は，まとまった内容の短いテキスト（200語程度）を2回聞き，その後に続けて読まれる10の正誤文がその内容と一致するか否かを判断します．

　テキストは2回読まれますから，1回目は大雑把に内容をつかんでいきます．登場人物，場所，時，行動，などできるだけ状況をつかんでいきます．2回目は名前や，数字，場所など，具体的にポイントになりそうなものをメモをしながら聞きましょう．問題用紙には「Paul の話を聞いてください．」というような指示が書いてあります．テキスト中の話し手〈je〉が誰なのかを意識するのも大切です．

　内容に関する正誤文も2回読まれます．テキストが聞き取れていれば比較的簡単に正誤は判断できるでしょう．しかしときに引っかけ文が入っていることもあります．数字など細部はメモを取っておきましょう．また，正誤文には，読まれたテキストの中で使われている表現の同意表現や反意表現が多々用いられます．第6章「同意語・反意語連想トライアル」の練習問題も活用しながら語彙を整理しておくことも有用です．

　最後にもう一度テキストが読まれますから，自信のないところは特に集中して聞き，確認してください．

問題 1

注意事項
- まず，娘の結婚について語る Valérie の話を 2 回聞いてください．
- 次に，その内容について述べた文 ① 〜 ⑩ を 2 回通して読みます．それぞれの文が話の内容に一致する場合は解答欄の ① に，一致しない場合は ② にマークしてください．
- 最後に，もう 1 回 Valérie の話を聞いてください．
  （メモは自由に取ってかまいません）

〈CD を聞く順番〉 🎧 80 ⇒ 80 ⇒ 81 ⇒ 81 ⇒ 80

解答番号	解答欄	解答番号	解答欄
①	① ②	⑥	① ②
②	① ②	⑦	① ②
③	① ②	⑧	① ②
④	① ②	⑨	① ②
⑤	① ②	⑩	① ②

[▶解答 p.94]

問題 1 ヒントと解説

① 「キャロルは秋にエリックと結婚します．」
  💡 テキストには en octobre（10 月）とあります．また le futur époux s'appelle Éric となっています．

② 「ヴァレリには娘がふたりいます．」
  💡 キャロルは fille unique です．

③ 「キャロルの夫になる人は 27 歳です．」
  💡 2 つの年齢の数字が出ています．vingt-trois, vingt-sept です．Éric の説明文ではどちらの数字が使われているでしょうか？

④ 「教会で結婚式をすることを決めたのはヴァレリです．」
  💡 ce sont eux qui l'ont décidé の部分です．eux が誰を指すか注意しましょう．

⑤ 「最近では多くの若者たちは自分たちの信仰に従って教会で式を挙げることを望みます．」
  💡 même si cela ne correspond pas の部分です．〈même si〉は「たとえ～でも」，譲歩を表します．

⑥ 「伝統では教会の出口で新婚さんたちに米を撒きます．」
  💡 traditionnel lancé de riz とあります．

⑦ 「パーティーのために彼らが借りるレストランは教会の近くです．」
  💡 on va louer un petit restaurant … tout près de l'église の箇所です．

⑧ 「ヴァレリは新婚旅行でタイに出発しました．」
  💡 ils partiront となっています．ils とは誰でしょう？

⑨ 「エリックだけがアジア文化に興味を持っています．」
  💡 単数 il s'intéresse も複数 ils s'intéressent も同じ発音ですが，その後の tous les deux から判断します．

⑩ 「タイに行くのに，彼らは 5 時間飛行します．」
  💡 douze heures de vol et cinq heures de décalage horaire の部分です．飛行時間と時差の数字に注意しましょう．

🎧 読まれるテキスト

Notre fille unique, Carole, va se marier en octobre. Elle a 23(vingt-trois) ans et elle travaille dans un grand magasin comme vendeuse. Le futur époux s'appelle Éric, a 27(vingt-sept) ans et est fonctionnaire. Le mariage aura lieu à l'église. Ce sont eux qui l'ont décidé, car ils veulent une cérémonie mémorable. On dit que de nos jours, de nombreux jeunes couples ont envie de se marier à l'église, même si cela ne correspond pas à leur croyance. Carole et Éric tiennent à ce que la cérémonie soit originale. Par exemple, à la place du traditionnel lancé de riz à la sortie de l'église, ils vont faire s'envoler des papillons.

Pour la fête qui suit la cérémonie, on va louer un petit restaurant sympathique tout près de l'église. Il y aura les parents et les amis, soit une trentaine d'invités.

On va manger, chanter et danser toute la nuit.

　Après le mariage, ils partiront en voyage de noces en Thaïlande. Ils s'intéressent tous les deux à la culture asiatique. Il y aura 12(douze) heures de vol et 5(cinq) heures de décalage horaire, et les jeunes mariés profiteront de ce voyage pour se reposer.

読まれる内容について述べた文

① Carole va se marier avec Éric en automne.
② Valérie a 2(deux) filles.
③ Le futur mari de Carole a 27(vingt-sept) ans.
④ C'est Valérie qui a décidé que le mariage aura lieu à l'église.
⑤ De nos jours, beaucoup de jeunes veulent se marier à l'église selon leur croyance.
⑥ Traditionnellement, on jette du riz aux mariés à la sortie de l'église.
⑦ Le restaurant qu'ils vont louer pour la fête est proche de l'église.
⑧ Valérie est partie en voyage de noces en Thaïlande.
⑨ Seul Éric s'intéresse à la culture asiatique.
⑩ Pour aller en Thaïlande, ils vont prendre l'avion pendant 5(cinq) heures.

訳例

　私たちのひとり娘であるキャロルは10月に結婚します．彼女は23歳，デパートで店員をしています．夫になる人はエリックといって，27歳，公務員です．結婚式は教会でします．思い出に残る式にしたいと彼らが決めました．最近では多くの若いカップルたちが自分たちの信仰に関係なく教会で結婚式を挙げることを望んでいると言われています．キャロルとエリックは式を独創性に富んだものにすることを熱望しています．たとえば教会の出口で伝統的には米が撒かれますが，彼らは蝶を飛ばそうとしています．

　式の後のパーティーは，教会のすぐ近くの感じのいいレストランを借りるつもりです．招待客は両方の両親や友人たち約30人ほどです．一晩中食べたり歌ったり踊ったりします．

　彼らは結婚式後タイに新婚旅行に行きます．ふたりともアジア文化に興味を持っています．飛行時間は12時間，時差は5時間です．新婚さんたちはこの旅行中にゆっくりと休むでしょう．

解答

① ① ② ② ③ ① ④ ② ⑤ ② ⑥ ① ⑦ ① ⑧ ② ⑨ ② ⑩ ②

＊ここからは問題のみを記載します．聞き取りの要領は 問題 1 の指示（p.93）を参照してください．

問題 2

田舎で開業医 (médecin de campagne) をする Georges の話を聞いてください．

[▶解答 p.98]

〈CD を聞く順番〉🎧 82 ➡ 82 ➡ 83 ➡ 83 ➡ 82

問題 3

Alain の話を聞いてください．[▶解答 p.100]

〈CD を聞く順番〉🎧 84 ➡ 84 ➡ 85 ➡ 85 ➡ 84

問題 4

ラオス (Laos) に小学校を建設する活動をしている Sabine の話を聞いてください．

[▶解答 p.102]

〈CD を聞く順番〉🎧 86 ➡ 86 ➡ 87 ➡ 87 ➡ 86

問題 5

Frédéric の話を聞いてください． [▶解答 p.104]

〈CD を聞く順番〉 🎧 88 ➡ 88 ➡ 89 ➡ 89 ➡ 88

問題 6

Amélie の話を聞いてください． [▶解答 p.106]

〈CD を聞く順番〉 🎧 90 ➡ 90 ➡ 91 ➡ 91 ➡ 90

問題 7

Pauline の話を聞いてください． [▶解答 p.108]

〈CD を聞く順番〉 🎧 92 ➡ 92 ➡ 93 ➡ 93 ➡ 92

問題 8

食糧廃棄に関する話を聞いてください． [▶解答 p.110]

〈CD を聞く順番〉 🎧 94 ➡ 94 ➡ 95 ➡ 95 ➡ 94

問題 2 ヒントと解説

① 「医学を修めた後、ジョルジュはすぐに田舎の医者になることを決めました。」
　💡 j'ai ... hésité entre deux choix とあります。

② 「ジョルジュは6年前からピレネー山脈の小さな村に住んでいます。」
　💡 je me suis installé ... il y a six ans. から考えましょう。s'installer ≒ habiter です。

③ 「ジョルジュはおじの影響で自分の職業を選択しました。」
　💡 C'est peut-être sous l'influence の部分です。

④ 「田舎の医者になる前にジョルジュはほとんどこの職業を知りませんでした。」
　💡 j'ai su très tôt que の箇所です。おじさんとよく話していました。

⑤ 「毎朝ジョルジュは9時半に働き始めます。」
　💡 à neuf heures です。数字は必ずメモしましょう。

⑥ 「待合室は1時間で誰もいなくなります。」
　💡 patients arrivent sans arrêt です。

⑦ 「午後ジョルジュは往診します。」
　💡 je vais chez ceux qui とあります。

⑧ 「ジョルジュは雪のときは車に乗りません。」
　💡 sous l'orage ou dans la neige, je prends ma voiture です。

⑨ 「必要ならジョルジュは夜間でも患者を見に行かなければなりません。」
　💡 Je dois sortir même pendant la nuit の部分です。

⑩ 「田舎の医者はかなり人気のある職業です。」
　💡 peu de jeunes veulent le devenir. ですから、なり手はあまりいません。

読まれるテキスト

J'ai fait de longues années d'études pour devenir médecin. Avant d'ouvrir un cabinet, j'ai beaucoup hésité entre 2(deux) choix : travailler en ville ou travailler à la campagne. Finalement, j'ai choisi d'être médecin à la campagne et je me suis installé dans un petit village des Pyrénées il y a 6(six) ans. C'est peut-être sous l'influence de mon oncle que j'ai pris cette décision. Il était et est toujours médecin de campagne, donc en discutant avec lui, j'ai su très tôt que c'est un métier qui demande beaucoup de travail et d'énergie, mais en même temps qui mérite la peine que l'on se donne.

Le matin, quand j'ouvre la porte de mon cabinet à 9(neuf) heures, la salle d'attente est déjà pleine de monde et de nouveaux patients arrivent sans arrêt.

Dans l'après-midi, je vais chez ceux qui ne peuvent pas se déplacer. Qu'il fasse chaud ou qu'il fasse froid, sous l'orage ou dans la neige, je prends ma voiture et je fais souvent plusieurs dizaines de kilomètres pour leur rendre visite. Je dois sortir même pendant la nuit si on m'appelle en urgence.

Le métier de médecin de campagne est tellement dur qu'aujourd'hui peu de jeunes veulent le devenir. Mais j'adore ce métier, pour moi, c'est une vraie vocation.

> 読まれる内容について述べた文

83

① Après ses études de médecine, Georges a tout de suite décidé d'être médecin de campagne.
② Georges habite dans un petit village des Pyrénées depuis 6(six) ans.
③ Georges a choisi son métier sous l'influence de son oncle.
④ Avant de devenir médecin de campagne, Georges ne savait presque rien sur ce métier.
⑤ Le matin, Georges commence à travailler à 9(neuf) heures et demie.
⑥ La salle d'attente se vide en une heure.
⑦ Dans l'après-midi, c'est Georges qui rend visite à ses patients.
⑧ Georges ne prend pas sa voiture quand il neige.
⑨ Si c'est nécessaire, Georges doit aller voir ses patients même la nuit.
⑩ Médecin de campagne est un métier assez populaire.

> 訳例

　私は長いこと医者になる勉強をしました．医院を開くとき，私は2つの選択肢の間でとても悩みました：街中で働くか田舎で働くかです．結局私は田舎の医者になることを選び6年前にピレネー山脈の小さな村に落ち着きました．私がこうした決心をしたのはおそらくおじの影響です．彼は昔も今も変わらず田舎の医者です．だから私は彼と話すうちに，それは多くの労働と多くのエネルギーを必要とするが同時に，苦労するだけの価値がある仕事だということを早いうちから知りました．
　毎朝，9時に私が医院のドアを開けると待合室はすでに人でいっぱいで，さらに新しい患者さんがひっきりなしにやってきます．
　午後は動けない患者さんの家に往診です．暑かろうが寒かろうが，暴風雨でも雪でも車を走らせます．往診に数十キロ走ることもしばしばです．緊急の場合は夜間でも行かねばなりません．
　田舎の医者の仕事は非常に過酷なので現在では若者はあまりなりたがりません．しかし私はこの仕事が大好きです．私には天職です．

> 解答

① ②　② ①　③ ①　④ ②　⑤ ②　⑥ ②　⑦ ①　⑧ ②　⑨ ①　⑩ ②

問題 3 ヒントと解説

① 「アランはずっと前からスキーをするのが好きです．」
　💡 L'année dernière … pour la première fois から判断します．

② 「アランは女性のいとこたちとアルプスにスキーに行きました．」
　💡 アルプスにスキーに行ったことは正しいのですが，一緒に行ったのは cousins であり，cousines ではありません．音の違いに注意しましょう．

③ 「アランは出発日を首を長くして待っていました．」
　💡 avec impatience ＝ impatiemment です．

④ 「アランが乗った TGV は 3 時に着きました．」
　💡 un retard de trois heures は時刻を表しているわけではありません．

⑤ 「2 日目は予報通り朝から雪が降り始めました．」
　💡 alors que la météo avait annoncé du beau temps の箇所です．alors que は逆接を表します．

⑥ 「霧のせいでゲレンデの視界は良好ではありませんでした．」
　💡 la vue était bouchée の箇所です．

⑦ 「アランはモミの木にぶつかりました．」
　💡 je l'ai heurté の部分です．l' は何を指していますか？

⑧ 「アランと一緒に斜面を滑降していたいとこは他のスキー客に助けを求めました．」
　💡 Au moment où と Mon cousin a crié fort pour appeler d'autres skieurs の部分です．

⑨ 「アランはヘリコプターで病院に運ばれました．」
　💡 en ambulance です．

⑩ 「アランは病院で手術を受けました．」
　💡 〈opérer＋人〉で「(人) の手術をする」．自分が手術を受けるときは〈se faire opérer〉を用います．

読まれるテキスト

　Je suis parti faire du ski dans les Alpes avec mes cousins. L'année dernière, j'avais fait du ski pour la première fois et je m'étais vraiment bien amusé. J'attendais donc avec impatience le jour du départ. Mais on n'a pas pu skier le premier jour, car le TGV que nous avons pris a eu un retard de 3(trois) heures à cause d'un accident.

　Le lendemain, alors que la météo avait annoncé du beau temps, il a commencé à neiger dès le matin et il faisait moins 5(cinq) degrés. De plus, il y avait du brouillard sur la piste et la vue était bouchée. Au moment où je descendais la pente avec un de mes cousins, je ne me suis pas aperçu de la présence d'un sapin, et je l'ai heurté. Je suis resté évanoui pendant quelques minutes. Mon cousin a crié fort pour appeler d'autres skieurs et j'ai été transporté à l'hôpital en ambulance. Là, on m'a tout de suite opéré, car je m'étais cassé la jambe droite. Décidément, je n'ai pas eu de chance !

読まれる内容について述べた文

① Alain aime faire du ski depuis longtemps.
② Alain est allé dans les Alpes avec ses cousines.
③ Alain attendait impatiemment le jour du départ.
④ Le TGV qu'Alain a pris est arrivé à 3(trois) heures.
⑤ Le deuxième jour, il a commencé à neiger dès le matin comme prévu.
⑥ On ne voyait pas bien sur la piste à cause du brouillard.
⑦ Alain a heurté un sapin.
⑧ Le cousin qui descendait la pente avec Alain a appelé d'autres skieurs au secours.
⑨ Alain a été transporté à l'hôpital en hélicoptère.
⑩ Alain s'est fait opérer à l'hôpital.

訳例

僕はいとこたちとアルプスにスキーに出かけました．僕は去年初めてスキーをして本当に楽しい思いをしました．だから出発日を首を長くして待っていました．しかし最初の日は滑れませんでした．というのも僕たちが乗ったTGVが事故のせいで3時間も遅れたからです．
　翌日，天気予報は晴れといっていたのに朝から雪が降り始め，気温は零下5度でした．おまけにゲレンデには霧がかかり見通しがききませんでした．いとこの1人と斜面を滑降していたとき，僕はモミの木があることに気付かず，それにぶつかってしまいました．僕は数分間意識を失いました．いとこは大声で叫んで他のスキー客を呼び，僕は救急車で病院に運ばれました．右足を骨折していたので，そこですぐに手術を受けました．まったくついていませんでした！

解答

① ②　② ②　③ ①　④ ②　⑤ ②　⑥ ①　⑦ ①　⑧ ①　⑨ ②　⑩ ①

ヒントと解説・解答

問題 4 〔ヒントと解説〕

① 「サビーヌは大学で文学を学んでいます.」
   💡 étudiante en lettres です.
② 「サビーヌが属しているクラブには 36 人の学生がいます.」
   💡 このテキストには学生数と住人の 2 つの数字が出てきます. une équipe de vingt-six étudiants とあります.
③ 「サビーヌのクラブはラオスに大学を建てようとしています.」
   💡 construire une école です.
④ 「ラオスは 600 万人以上の住民を数えます.」
   💡 6,3 millions です.
⑤ 「ラオスでは多くの子どもたちは働きながら学校に行っています.」
   💡 sans aller à l'école とあります. 〈bien du (de la, des) + 名詞〉=〈beaucoup de + 無冠詞名詞〉です.
⑥ 「親たちは子供の将来のためには教育が大事であると理解しています.」
   💡 Pourtant ... et leurs parents pensent の部分です.
⑦ 「このクラブのインターネットのホームページは成功しました.」
   💡 Cette page a eu du succès とあります. succès = réussite です.
⑧ 「サビーヌと仲間が集めた金額は少額です.」
   💡 collecté une grosse somme d'argent の部分です.
⑨ 「次の春にサビーヌはひとりでラオスに行きます.」
   💡 avec mes camarades となっています.
⑩ 「ラオスでは,サビーヌは住人たちと議論することができるでしょう.」
   💡 échanger des idées avec les habitants の部分です.

🎧 〔読まれるテキスト〕

Je suis étudiante en lettres et je fais partie d'une association humanitaire à l'université. Nous sommes une équipe de 26(vingt-six) étudiants. Le but de notre association est de construire une école au Laos.

Le Laos est un petit pays de 6,3 millions d'habitants. Il y a très peu d'écoles dans ce pays, surtout dans les villages ruraux. Bien des enfants sont obligés de travailler sans aller à l'école afin de gagner de l'argent pour leur famille. Pourtant, les enfants ont envie d'étudier à l'école et leurs parents pensent que l'éducation est la seule voie qui ferait évoluer le futur de leurs enfants.

Nous avons créé une page sur Internet où, avec beaucoup de photos et de vidéos, nous avons insisté sur l'importance de l'enseignement pour tous pour avoir une vie meilleure. Cette page a eu du succès et nous avons collecté une grosse somme d'argent.

Le printemps prochain, je vais partir pour ce pays avec mes camarades. J'aurai l'occasion de voir de mes propres yeux la situation actuelle de ce pays et d'échanger des idées avec les habitants.

🎧 **読まれる内容について述べた文**
87
① Sabine étudie la littérature à l'université.
② Il y a 36(trente-six) étudiants dans l'association dont Sabine fait partie.
③ L'association de Sabine essaie de bâtir une université au Laos.
④ Le Laos compte plus de 6 millions d'habitants.
⑤ Au Laos, beaucoup d'enfants vont à l'école tout en faisant un travail.
⑥ Les parents comprennent bien l'importance de l'éducation pour le futur de leurs enfants.
⑦ La page Internet de cette association a connu une bonne réussite.
⑧ Sabine et ses camarades ont récolté une petite somme d'argent.
⑨ Le printemps prochain, Sabine partira toute seule au Laos.
⑩ Au Laos, Sabine pourra discuter avec les habitants.

訳例

私は文学部の学生で大学の人道活動クラブに属しています．26人の学生のチームです．我々のクラブの目的はラオスに小学校を建設することです．
ラオスは人口630万の小さな国です．この国には，特に地方の村にはあまり学校がありません．多くの子どもたちは家族の生活費を稼ぐために，学校に行かずに働くことを余儀なくされています．しかし，子どもたちは学校で勉強することを望んでいるし，親たちも教育は子どもたちの将来を変えるための唯一の道であると考えています．
私たちはインターネット上にホームページを開きました．そこにたくさんの写真や動画を載せ，すべての人にとって，よりよい生活を得るためには教育が重要であると主張しました．このホームページは成功し多額のお金を集めました．
次の春に私は仲間とこの国に行きます．この機会に自分の目でこの国の現状を見，住人たちと意見の交換をするつもりです．

解答
① ① ② ② ③ ② ④ ① ⑤ ② ⑥ ① ⑦ ① ⑧ ② ⑨ ② ⑩ ①

問題 5 ヒントと解説

① 「イヴは 2 週間前に絵のコンクールに参加しました.」
   💡 冒頭に la semaine dernière とあります.〈huit jours〉が「1 週間」〈quinze jours〉が「2 週間」です.

② 「このコンクールを企画したのはイヴの絵画学校です.」
   💡 organisé par l'école maternelle の部分です.

③ 「コンクールのテーマは宇宙旅行でした.」
   💡 ほかの子どもたちは何の絵を描いたでしょう?

④ 「イヴは自分の絵に満足していました.」
   💡 lui ... en était fier の箇所です.

⑤ 「イヴの友だちが描いた素晴らしい絵もありました.」
   💡 ses copains avaient fait des dessins aussi beaux et originaux の部分です.

⑥ 「すべての絵に赤いリボンが付けられました.」
   💡 Le lendemain からの部分です.

⑦ 「1 等賞を取ったのはイヴの友達のひとりです.」
   💡 ⑥ と同じ部分から考えます.

⑧ 「フレデリックは審査員が順位付けを避けたことに不満でした.」
   💡 n'est-ce pas éducatif de montrer の部分です.

⑨ 「審査員は参加者たちを傷つけたくなかったとフレデリックは考えています.」
   💡 le jury a ... préféré ... ne pas les blesser の部分です.

⑩ 「小さな子どもたちはコンクールには順位付けがあることを理解できるとフレデリックは思っています.」
   💡 最後の部分です.

🎧 読まれるテキスト

La semaine dernière, il y a eu un concours de dessin organisé par l'école maternelle de mon fils Yves. Pour y participer, Yves a fait le dessin d'un voyage spatial avec une fusée et des astronautes. J'ai beaucoup aimé son œuvre et Yves, lui aussi, en était fier. Quand on l'a apportée à l'école, on a remarqué que ses copains avaient fait des dessins aussi beaux et originaux que celui d'Yves. L'un avait dessiné une forêt avec des animaux sauvages, l'autre un pays magique avec des fées. On s'amusait à discuter en se demandant qui recevrait le premier prix.

Le lendemain, à notre grande surprise, nous avons vu que tous les dessins étaient décorés par un ruban rouge, ce qui voulait dire que tous les enfants avaient le même prix. J'ai été un peu surpris et mon fils n'a pas cessé de me demander quel était le meilleur dessin.

Il est vrai que tous les enfants désiraient le premier prix. Devant les divers dessins adorables, le jury a peut-être préféré ne pas les blesser. Mais n'est-ce pas éducatif de montrer aux enfants qu'il y a un classement dans un concours ? Je pense que même les petits enfants sont assez forts pour accepter cette réalité.

🎧 **読まれる内容について述べた文**

89

① Yves a participé à un concours de desssin il y a 15(quinze) jours.
② C'est l'école de dessin d'Yves qui a organisé ce concours.
③ Le thème de ce concours était le voyage spatial.
④ Yves était satisfait de son dessin.
⑤ Il y avait aussi de beaux dessins qui avaient été faits par les copains d'Yves.
⑥ On a mis un ruban rouge sur tous les dessins.
⑦ C'est un des copains d'Yves qui a reçu le premier prix.
⑧ Frédéric n'était pas content parce que le jury a évité d'établir un classement.
⑨ Frédéric pense que le jury a voulu ne pas blesser les participants.
⑩ Frédéric pense que les petits enfants sont capables de comprendre qu'il y a un classement dans un concours.

訳例

　先週，息子イヴの幼稚園が企画したお絵かきコンテストがありました．参加にあたり，イヴはロケットと宇宙飛行士を描いて宇宙旅行を絵にしました．私は彼の作品がとても気に入り，彼もとても誇らしげでした．私たちが学校にそれを持って行くと，彼の友だちもイヴの作品同様に素晴らしい独創的な絵を描いたことがわかりました．野生動物のいる森を描いた子や妖精のいる魔法の国を描いた子もいます．誰が1等賞か考えながら楽しく話し合っていました．

　翌日大変驚いたことに，全部の絵に赤いリボンが付いているのを発見しました．つまり全員が同じ賞だということです．私はちょっと驚きました．私の息子はしつこくどの絵が一番上手か私に尋ねていました．

　確かにどの子も1等賞を取りたがっていました．素晴らしい絵を前にして審査員たちはおそらく子どもたちを傷つけないことを望んだのです．しかし，コンテストには順位付けがあることを子どもたちに示すことは教育的ではないでしょうか？ 私は小さな子どもでも十分に強くこの現実に耐えられると思います．

解答

① ②　② ②　③ ②　④ ①　⑤ ①　⑥ ①　⑦ ②　⑧ ①　⑨ ①　⑩ ①

ヒントと解説・解答

問題 6　ヒントと解説

① 「アメリは 2010 年にバカロレアに合格しました．」
　💡 年号はメモしておきましょう．

② 「アメリはリヨン大学で経済学の勉強をしました．」
　💡 アメリは l'économie に興味は持っていましたが，大学で専攻したのは les sciences politiques です．

③ 「大学の先生たちは学生たちの面倒見が良かったです．」
　💡 はっきりは書いてありませんが，sévères mais chaleureux から判断します．

④ 「アメリは大学の授業についていくのに苦労しました．」
　💡 sans problème ですから逆の意味です．

⑤ 「アメリは非正規の仕事に合計で 1 年間就きました．」
　💡 それぞれの仕事に six mois ずつ従事したと言っています．

⑥ 「セシルはアメリの幼なじみです．」
　💡 une amie de faculté から判断します．

⑦ 「セシルに電話をしたのはアメリです．」
　💡 Cécile ... m'a appelée です．

⑧ 「アメリは接客が好きです．」
　💡 J'aime les relations avec les gens の部分です．

⑨ 「アメリは正確にオーダーを取るのに非常に努力しなければなりません．」
　💡 une bonne mémoire を持っていることに気付いたとあります．

⑩ 「アメリの現在の職業は彼女が大学で学んだことと密接な関係があります．」
　💡 sciences politiques の勉強と café の仕事が直結しているか考えてみてください．

読まれるテキスト

　Quand j'ai passé mon bac en 2010, je m'intéressais surtout à l'économie et à la politique. Je me suis inscrite à la faculté de sciences politiques à l'université de Lyon. Les professeurs étaient sévères mais chaleureux et l'ambiance de la faculté était vraiment sympathique. J'ai fait mon cycle d'études sans problème et suis sortie diplômée de cette faculté. Je suis alors entrée dans la vie active. Je suis arrivée à avoir un poste temporaire dans une agence de voyages puis un autre dans une banque. Tous les deux ont duré 6(six) mois et le travail n'y était pas très intéressant. Un jour, Cécile, une amie de la faculté, m'a appelée. Elle venait d'ouvrir un café et elle m'a demandé si je voulais y travailler avec elle. Après m'être posé beaucoup de questions, j'ai accepté sa proposition. J'aime les relations avec les gens et j'ai compris que j'avais une bonne mémoire pour prendre les commandes. Je n'avais jamais envisagé de travailler comme serveuse, mais je suis très contente de mon métier.

🎧 **読まれる内容について述べた文**
91
① Amélie a réussi son baccalauréat en 2010.
② Amélie a étudié les sciences économiques à l'université de Lyon.
③ Les professeurs de l'université s'occupaient bien de leurs étudiants.
④ Il a été difficile à Amélie de suivre les cours de l'université.
⑤ Au total, Amélie a fait du travail temporaire pendant une année.
⑥ Cécile est une amie d'enfance d'Amélie.
⑦ C'est Amélie qui a téléphoné à Cécile.
⑧ Amélie aime bien recevoir les clients.
⑨ Il faut qu'Amélie fasse beaucoup d'efforts pour prendre correctement les commandes.
⑩ La profession actuelle d'Amélie a un rapport étroit avec ce qu'elle a étudié à l'université.

訳例

　2010年にバカロレアに合格したとき，私はとりわけ経済と政治に興味がありました．私はリヨン大学の政治学部に登録しました．先生方は厳しいものの温かく，大学の雰囲気は本当に良かったです．私は難なく教育課程を修了し，この学部を卒業しました．そして社会人になりました．私は旅行会社，つづいて銀行で非正規の仕事を見つけることができました．両方とも6ヶ月の仕事でしたが，あまり面白いものではありませんでした．ある日，大学の友人だったセシルから電話がかかってきました．彼女はカフェを開いたばかりで，私に一緒に働かないかと言ってくれたのです．いろいろと自問した後，私はセシルの申し出を受けました．私は人との関わりが好きで，オーダーを取る記憶力に優れていることがわかりました．ウェイトレスになることについて今まで一度も考えたことがありませんでしたが，私は自分の仕事にとても満足しています．

解答

① ①　② ②　③ ①　④ ②　⑤ ①　⑥ ②　⑦ ②　⑧ ①　⑨ ②　⑩ ②

問題 7 ヒントと解説

① 「ポリーヌとフランソワーズは同じ会社で働いています．」
　💡 ふたりは collègue です．
② 「フランソワーズはポリーヌの親友のひとりです．」
　💡 Je pensais qu'elle était の部分にヒントがあります．時制に気を付けてください．
③ 「ポリーヌとフランソワーズは 2 日前にやり取りしたメールが原因で殴り合いのけんかをしました．」
　💡 〈se battre〉は「殴り合いのけんかをする」です．〈se disputer avec〉「～と仲たがいをする」とは違います．また，il y a deux jours = avant-hier です．
④ 「共通の友人がポリーヌに一緒に遊園地に行こうと誘いました．」
　💡 lui avait proposé とあります．lui は誰でしょう？
⑤ 「フランソワーズはポリーヌが怒りっぽいと非難しました．」
　💡 elle m'accusait de me fâcher trop facilement の部分です．
⑥ 「ポリーヌとフランソワーズはそれぞれ長いメールを 1 通ずつ書き合いました．」
　💡 les échanges désagréables から判断します．
⑦ 「ポリーヌは電話でフランソワーズと話したがりませんでした．」
　💡 j'ai pris mon téléphone とあります．電話をかけた je とは誰でしょう？
⑧ 「最終的にポリーヌとフランソワーズは仲直りしました．」
　💡 Depuis hier 以下から判断しましょう．
⑨ 「コミュニケーション手段として，メールは便利だと一般的に思われています．」
　💡 On dit souvent que の箇所です．
⑩ 「メールには利点しかないとポリーヌは思っています．」
　💡 je pense qu' 以下の部分です．読まれるテキストでは〈ne ... pas que〉の否定が，正誤文では〈ne ... que〉の否定が使われています．

読まれるテキスト

Françoise est ma collègue. Je pensais qu'elle était une de mes meilleures amies, mais je me suis disputée avec elle à cause des courriels que l'on s'est envoyés. Avant-hier, j'ai reçu un message d'elle me disant qu'une amie commune lui avait proposé d'aller ensemble au parc d'attractions ce week-end. Je lui ai écrit que j'étais très triste de ne pas avoir reçu la même proposition. Elle m'a alors envoyé un autre message où elle m'accusait de me fâcher trop facilement. Je lui ai répondu aussitôt qu'elle ne me comprendrait jamais. Enfin, les échanges désagréables ont continué. Alors j'ai pris mon téléphone pour parler directement avec elle, mais elle a raccroché dès qu'elle a reconnu ma voix. Depuis hier, elle ne me parle plus au bureau. On dit souvent que le courriel est un moyen de communication pratique, mais je pense qu'il n'a pas que des avantages.

🎧 **読まれる内容について述べた文**

93
① Pauline et Françoise travaillent dans un même bureau.
② Françoise est une des meilleures amies de Pauline.
③ Pauline et Françoise se sont battues à cause des courriels échangés il y a 2(deux) jours.
④ Une amie commune a proposé à Pauline d'aller ensemble au parc d'attractions.
⑤ Françoise a accusé Pauline de se fâcher facilement.
⑥ Pauline et Françoise se sont écrit chacune un long courriel.
⑦ Pauline n'a pas voulu parler avec Françoise au téléphone.
⑧ À la fin, Pauline et Françoise se sont réconciliées.
⑨ En tant que moyen de communication, on considère en général que le courriel est pratique.
⑩ Selon Pauline, le courriel n'a que des avantages.

訳例

　フランソワーズは私の同僚です．彼女は私の親友のひとりだと私は思っていました．でもやり取りしたメールのことで言い争いをしてしまいました．おととい私は，共通の友人が彼女に今週末一緒に遊園地に行こうと誘ってきたというメッセージを彼女から受け取りました．私は彼女に同じ誘いをされなくてとても寂しいと返信しました．すると彼女は私は怒りっぽいと非難するメールを送ってきました．私もすぐに，彼女には私の気持ちが全然理解できないだろうと返信しました．結局気まずいやり取りが続きました．そこで私は直接話そうと電話をしました．でも彼女は私の声だとわかるとすぐに切ってしまいました．昨日から会社でも彼女は私と話しません．メールは便利なコミュニケーション手段だとよく言われますが，利点だけではないというのが私の意見です．

解答

① ①　② ②　③ ②　④ ②　⑤ ①　⑥ ②　⑦ ②　⑧ ②　⑨ ①　⑩ ②

問題 8 ヒントと解説

① 「毎年，フランス人1人あたり150食分の食糧が廃棄されています。」
💡 捨てられているのは，cinquante-six repas です。

② 「飢餓は世界中で1日4万人以上の人が亡くなる原因となっています。」
💡 quarante mille と聞いたときにすぐに数字が思い浮かぶようにしましょう。

③ 「以前は常に食糧の浪費が問題になっていました。」
💡 On parle souvent と現在形が使われています。

④ 「廃棄される食糧の半数は果物と野菜です。」
💡 soit la moitié の箇所です。soit は「つまり，すなわち」という意味です。

⑤ 「長期間保存できないものはよく廃棄されます。」
💡 ④ と同じ部分から考えます。

⑥ 「たいてい食糧廃棄は故意に行われます。」
💡 volontairement ではなく，その反対の〈malgré soi〉が使われています。

⑦ 「ものの値段がいつもより安いとより多くの買い物をします。」
💡 on a tendance à acheter davantage の部分です。

⑧ 「買い過ぎないようにまず気をつけなければなりません。」
💡 n'acheter que ce dont on a besoin の部分です。否定の〈ne ... que〉に注意しましょう。

⑨ 「残っているものを料理できるようになれば，現在の状況は変わるかもしれません。」
💡 Diverses solutions の1つとして紹介されています。

⑩ 「商店やレストランは食糧廃棄に対して対策を講じました。」
💡 doivent aussi faire des efforts と言っていますから，現状はどうでしょうか。

読まれるテキスト

Chaque année, un Français jette 20(vingt) kilogrammes d'aliments, qui sont équivalents à environ 56(cinquante-six) repas. Par contre, dans le monde, plus de 40 000 personnes meurent de faim chaque jour. On parle souvent du gaspillage alimentaire, c'est une grave question pour notre société.

Comme on ne peut pas les conserver longtemps, même dans le réfrigérateur, ce sont les fruits et les légumes qui sont les aliments les plus jetés, soit la moitié.

Pourquoi est-on obligé de jeter des aliments malgré soi ? La raison majeure, c'est que l'on en achète trop. Une dame explique qu'il y a souvent des promotions et que l'on a tendance à acheter davantage quand on peut acheter des articles à bon marché. Il en résulte que l'on n'arrive pas à consommer tout ce que l'on a acheté.

Diverses solutions sont proposées pour résoudre ce problème. La première chose à faire, c'est de n'acheter que ce dont on a besoin sans excès, et si c'est le cas, de savoir se servir des restes. Évidemment, les magasins et les restaurants doivent aussi faire des efforts pour jeter le moins d'aliments possible. Il est important que chacun considère ce problème comme étant le sien.

🎧 **読まれる内容について述べた文**
95
① Tous les ans, un Français jette l'équivalent de 150(cent cinquante) repas.
② La faim cause plus de 40 000 morts par jour dans le monde.
③ Avant, il était toujours question du gaspillage alimentaire.
④ La moitié des aliments jetés sont des fruits et des légumes.
⑤ On jette souvent des produits qui ne se conservent pas longtemps.
⑥ Le plus souvent, on jette des aliments volontairement.
⑦ On fait plus d'achats quand les articles coûtent moins cher que d'habitude.
⑧ Il faut d'abord faire attention à ne pas trop acheter.
⑨ Si on apprend à cuisiner les restes, cela pourrait changer la situation actuelle.
⑩ Les magasins et les restaurants ont pris des mesures contre le gaspillage alimentaire.

訳例

毎年, フランス人 1 人あたり 20kg の食糧が廃棄されており, これは約 56 食分にあたります. 一方, 世界では 1 日 4 万人以上の人が飢えで死亡しています. 食糧の浪費はしばしば話題になりますが, これは我々の社会における重大な問題です.
　冷蔵庫に入れておいても長期間保存できないという理由で, 最も多く捨てられるのは果物と野菜で, これらが廃棄食糧の半分を占めます.
　なぜ心ならずも食糧を捨てることになってしまうのでしょうか？ 最大の理由は買い過ぎです. ある女性は, しょっちゅうセールがあり, 安い値段で買えると買い過ぎてしまう, と述べています. その結果, 買ったものすべてを消費することができなくなってしまうのです.
　この問題を解決するためにさまざまな対策が提案されています. 最初にするべきことは, 必要な分だけ買って買い過ぎないこと, そして買い過ぎてしまったときは残っているものを利用できるようになることです. もちろん, 商店やレストランもできるだけ廃棄食糧を減らすように努力すべきです. 1 人 1 人がこの問題を自分の問題として考えることが重要なのです.

解答

① ②　② ①　③ ②　④ ①　⑤ ①　⑥ ②　⑦ ①　⑧ ①　⑨ ①　⑩ ②

> # 第3部

		page
第8章	書き取り・聞き取り 模擬試験(1)	113
第9章	書き取り・聞き取り 模擬試験(2)	122

第8章 書き取り・聞き取り 模擬試験（1）

実用フランス語技能検定試験
聞き取り試験問題冊子　〈 2 級 〉

書き取り・聞き取り試験時間は、
15時50分から約35分間

　先に書き取り試験をおこないます。解答用紙表面の書き取り試験注意事項をよく読んでください。書き取り試験解答欄は裏面にあります。
　この冊子は指示があるまで開かないでください。

◇筆記試験と書き取り・聞き取り試験の双方を受験しないと欠席になります。
◇問題冊子は表紙を含め 4 ページ、全部で 2 問題です。

書き取り・聞き取り試験注意事項

1　途中退出はいっさい認めません。
2　書き取り・聞き取り試験は、CD・テープでおこないます。
3　解答用紙の所定欄に、**受験番号**と**氏名**が印刷されていますから、間違いがないか、**確認**してください。
4　CD・テープの指示に従い、中を開いて、日本語の説明をよく読んでください。フランス語で書かれた部分にも目を通しておいてください。
5　解答はすべて別紙の書き取り・聞き取り試験解答用紙の解答欄に、**HB または B の黒鉛筆**(シャープペンシルも可)で記入またはマークしてください。
6　問題内容に関する質問はいっさい受けつけません。
7　**携帯電話等の電子機器の電源は必ず切って、かばん等にしまってください。**
8　時計のアラームは使用しないでください。

— 1 —

書き取り試験

注意事項
- フランス語の文章を，次の要領で4回読みます．全文を書き取ってください．
- 1回目，2回目は，ふつうの速さで全文を読みます．内容をよく理解するようにしてください．
- 3回目は，ポーズをおきますから，その間に書き取ってください（句読点も読みます）．
- 最後にもう1回ふつうの速さで全文を読みます．
- 読み終わってから3分後に聞き取り試験に移ります．
- 数を書く場合は，算用数字で書いてかまいません．

〈CDを聞く順番〉 🎧 96 ➡ 96 ➡ 97 ➡ 96

[▶解答 p.117]

聞き取り試験 ①

1 注意事項
- まず，ダンス教室に通う Manon へのインタビューを聞いてください．
- 続いて，それについての 5 つの質問を読みます．
- もう 1 回，対話を聞いてください．
- もう 1 回，5 つの質問を読みます．1 問ごとにポーズをおきますから，その間に，答えを書いてください．
- それぞれの（ ）内に 1 語入ります．
  答えを書く時間は，1 問につき 10 秒です．
- 最後に，もう 1 回インタビューを聞いてください．
- 数を記入する場合は，算用数字で書いてください．
  （メモは自由に取ってかまいません）

〈CD を聞く順番〉 🎧 98 ➡ 99 ➡ 98 ➡ 100 ➡ 98

① Oui, quand elle était toute petite, elle (　　) d'être danseuse. Puis elle a (　　) parce que c'était trop dur.
② Non, elle a continué à danser pour le (　　).
③ Parce que la danse fait (　　) de sa vie et qu'elle peut ainsi oublier tous ses (　　).
④ Elle aime surtout la danse (　　).
⑤ Elle va participer à la fête de la danse organisée par la (　　) de sa ville en (　　).

解答欄

① _____ _____
② _____
③ _____ _____
④ _____
⑤ _____ _____

[▶ 解答 p.118]

聞き取り試験 2

2 注意事項
- まず，タクシー運転手 (chauffeur de taxi) の Philippe の話を 2 回聞いてください．
- 次に，その内容について述べた文 ① 〜 ⑩ を 2 回通して読みます．それぞれの文が話の内容に一致する場合は解答欄の ① に，一致しない場合は ② にマークしてください．
- 最後に，もう 1 回 Philippe の話を聞いてください．
  （メモは自由にとってかまいません）

〈CD を聞く順番〉 🎧 101 ➡ 101 ➡ 102 ➡ 102 ➡ 101

解答番号	解答欄	解答番号	解答欄
①	① ②	⑥	① ②
②	① ②	⑦	① ②
③	① ②	⑧	① ②
④	① ②	⑨	① ②
⑤	① ②	⑩	① ②

[▶解答 p.120]

書き取り・聞き取り 模擬試験（1）
書き取り試験

読まれるテキスト

L'année *dernière*①, pour la *première*② fois, mon mari et moi sommes *partis*③ en vacances en voyage organisé. Nous *avions choisi*④ la Grèce comme destination. Notre groupe d'une trentaine de *personnes*⑤ avait un guide très sympathique et avec lui, nous avons visité beaucoup de petites villes et de sites admirables. Nous *avons été touchés*⑥ par ce superbe voyage et *nous en avons*⑦ rapporté beaucoup de *beaux souvenirs*⑧ et de belles photos.

① dernier は année に一致させます．アクサンとその向きに注意してください．
② premier も fois に一致します．dernier と同じ語尾変化です．
③ 主語は mon mari et moi です．過去分詞の一致を忘れずに．
④ 大過去が使われています．つまり「出発する」より以前に「選んだ」のです．助動詞の半過去の発音に注意し複合過去（avons choisi）にしないようにしましょう．
⑤ une trentaine de の後は複数名詞が続きます．
⑥ 受動態の複合過去です．過去分詞は nous（私の夫と私）に一致します．
⑦ リエゾンでこの3語がつながって聞こえるので，文法的に考えることが大切です．en は de ce voyage を受けています．
⑧ beaucoup de の後なので，beau も souvenir も複数になります．beau の複数形の綴り字に注意しましょう．

訳例

　昨年，夫と私は初めてツアー旅行でのヴァカンスに出発しました．行先としてギリシャを選びました．私たちのグループは30名ほどで，とても感じのよいガイドさんがついてくれました．彼と一緒に，多くの小さな町や見事な観光スポットを訪れました．私たちはこの素晴らしい旅行に感動し，たくさんの素敵なお土産と美しい写真を持ち帰りました．

聞き取り試験 ①

① 「マノンはずっと前からダンスをしていますか？」
　💡 対応箇所は最初の応答です．rêver は 3 人称単数の半過去に活用させます．

② 「マノンは踊ることをやめましたか？」
　💡 2 番目の応答の前半で「趣味で続けた」と説明されています．

③ 「なぜマノンはダンスを必要としているのですか？」
　💡 2 番目の応答の後半に答えがあります．解答箇所ではありませんが，je ne peux pas m'en passer. で使われているのは 〈se passer de〉「〜なしではいられない」です．

④ 「マノンはどのようなダンスが好きですか？」
　💡 3 番目の応答に対応しています．〈en particulier〉と surtout は同じ意味です．

⑤ 「マノンの今年の計画はどのようなものですか？」
　💡 最後の応答で説明されています．「8 月」は基本単語ですが，en とのリエゾンに注意し，綴り字も見直しておきましょう．

🎧 **読まれるテキスト**

le journaliste : Aimez-vous danser depuis longtemps, Manon ?
Manon : Oui, j'ai commencé à apprendre la danse quand j'étais toute petite. À ce moment-là, je rêvais de devenir danseuse. Puis j'ai abandonné parce que c'était trop dur.
le journaliste : Mais vous n'avez pas arrêté de danser, n'est-ce pas ?
Manon : J'ai continué à danser pour le plaisir. Maintenant la danse fait partie de ma vie, je ne peux pas m'en passer. Cela me fait oublier tous mes problèmes.
le journaliste : Quelle danse aimez-vous ?
Manon : J'aime tous les types de danses, mais en particulier, la danse moderne. Et je prends des cours afin de connaître les dernières danses à la mode.
le journaliste : Vous avez un projet pour cette année ?
Manon : Oui, au mois d'août, je vais participer à la fête de la danse organisée par la mairie de notre ville avec mes amis du cours de danse.

🎧 **読まれる質問**

① Manon fait-elle de la danse depuis longtemps ?
② Manon a-t-elle arrêté de danser ?
③ Pourquoi Manon a-t-elle besoin de la danse ?
④ Quelle danse Manon aime-t-elle ?
⑤ Quel est le projet de Manon pour cette année ?

> 【訳例】

記者： マノン，あなたはずっと前からダンスが好きですか？
マノン：はい，私はごく小さいころにダンスを習い始めました．そのときはダンサーになるのが夢でした．それから私は断念しました，あまりにも辛かったからです．
記者： でも踊ることはやめなかったのですよね？
マノン：私は趣味でダンスを続けました．今ではダンスは私の生活の一部分でダンスなしではいられません．ダンスは私の悩みをすべて忘れさせてくれるのです．
記者： あなたはどのようなダンスが好きですか？
マノン：あらゆるタイプのダンスが好きですが，特にモダンダンスが好きです．また私は流行している最新のダンスを知るためにレッスンを受けています．
記者： 今年の計画は何かありますか？
マノン：はい，8月に，私たちの市の市役所が主催するダンス祭にダンス教室の友だちと一緒に参加します．

> 【解答】

① Oui, quand elle était toute petite, elle (**rêvait**) d'être danseuse. Puis elle a (**abandonné**) parce que c'était trop dur.
② Non, elle a continué à danser pour le (**plaisir**).
③ Parce que la danse fait (**partie**) de sa vie et qu'elle peut ainsi oublier tous ses (**problèmes**).
④ Elle aime surtout la danse (**moderne**).
⑤ Elle va participer à la fête de la danse organisée par la (**mairie**) de sa ville en (**août**).

聞き取り試験 2

① 「フィリップの父は 40 歳です．」
　💡 quarante ans de métier ですから，40 は年齢ではなく仕事に就いている期間です．
② 「フィリップの弟もタクシー運転手です．」
　💡 タクシー運転手は彼の frère aîné です．
③ 「多くの少年は 5 歳の頃サッカー選手になることを夢見ます．」
　💡 À cinq ans ... comme beaucoup d'autres garçons の部分です．
④ 「フィリップは 13 年前からタクシー運転手をしています．」
　💡 voilà treize ans que ＝ depuis treize ans です．
⑤ 「タクシー運転手としてフィリップはさまざまな職業の人たちに出会いました．」
　💡 acteurs, peintres, sportifs に出会ったと言っています．
⑥ 「フィリップのお客さんたちは彼に面白い話をしました．」
　💡 amusant ＝ drôle です．
⑦ 「以前は，旅行をするためにタクシーを雇う金持ちもときどきいました．」
　💡 il arrivait que を正誤文では〈de temps en temps〉を用いて言い換えています．
⑧ 「フィリップはタクシー運転手の仕事を選んだことを後悔しています．」
　💡 il me plaît beaucoup と言っています．
⑨ 「フィリップの息子は中学校に行っています．」
　💡 息子は écolier です．
⑩ 「フィリップは息子をタクシー運転手にしようとしています．」
　💡 最後の je souhaite ... qu'il fasse ce qu'il voudra. の部分です．

🎧 読まれるテキスト

101

　La profession de chauffeur de taxi est une tradition familiale. Mon grand-père exerçait cette profession, mon père a 40(quarante) ans de métier et mon frère aîné en a 15(quinze). Moi, dans mon enfance, je m'intéressais à des métiers tout à fait différents. À 5(cinq) ans, je voulais être footballeur comme beaucoup d'autres garçons, puis j'ai rêvé de devenir journaliste. Il y a eu aussi des moments où je me passionnais pour le théâtre.

　En fin de compte, j'ai passé mon permis de conduire à 18(dix-huit) ans et voilà 13(treize) ans que je suis chauffeur de taxi. Évidemment, j'ai rencontré beaucoup de personnes dont des acteurs, des peintres ou des sportifs. Ils m'ont raconté des histoires amusantes. Et puis, avant, il arrivait que des gens riches louent un taxi pour de grands voyages, ce qui m'a permis de faire des expériences inoubliables. J'ai choisi ce métier non sans hésitation mais, pour le moment, il me plaît beaucoup.

Maintenant, mon fils est écolier et il adore le football. Je ne veux pas lui imposer la profession familiale et je souhaite, de tout mon cœur, qu'il fasse ce qu'il voudra.

［読まれる内容について述べた文］

① Le père de Philippe a 40(quarante) ans.
② Le petit frère de Philippe est aussi chauffeur de taxi.
③ Beaucoup de garçons rêvent de devenir footballeur à l'âge de 5(cinq) ans.
④ Philippe est chauffeur de taxi depuis 13(treize) ans.
⑤ En tant que chauffeur de taxi, Philippe a rencontré des gens de différents métiers.
⑥ Les clients de Philippe lui ont raconté des histoires drôles.
⑦ Avant, certaines personnes riches louaient de temps en temps un taxi pour voyager.
⑧ Philippe regrette d'avoir choisi le métier de chauffeur de taxi.
⑨ Le fils de Philippe va au collège.
⑩ Philippe pousse son fils à devenir chauffeur de taxi.

［訳例］

タクシー運転手は家族代々の職業です．私の祖父はこの仕事に就いていましたし，父は40年間，兄は15年間タクシー運転手をしています．私はといえば，子ども時代は全然違う仕事に興味がありました．5歳のときは他の多くの少年と同じようにサッカー選手になりたいと思っていましたし，その後ジャーナリストになることを夢見ました．また演劇に夢中になった時期もありました．

結局のところ私は18歳で免許を取得し，タクシー運転手になって13年がたちました．もちろん，多くの人々との出会いがあり，その中には俳優や画家やスポーツ選手もいました．彼らは私に面白い話をしてくれました．また以前は，金持ちの人々が大旅行をするためにタクシーを雇うこともあり，そのおかげで私も数々の忘れがたい体験をすることができました．この仕事を選んだときは迷いもありましたが今のところは気に入っています．

現在，私の息子は小学生でサッカーが大好きです．私は息子に家族が受け継いできた職業を無理強いしたくはありません．息子には自分のしたいことをして欲しいと心から願っています．

［解答］

① ②   ② ②   ③ ①   ④ ①   ⑤ ①   ⑥ ①   ⑦ ①   ⑧ ②   ⑨ ②   ⑩ ②

第9章 書き取り・聞き取り 模擬試験（2）

実用フランス語技能検定試験
聞き取り試験問題冊子　〈2級〉

書き取り・聞き取り試験時間は、
11時50分から約35分間

先に書き取り試験をおこないます。解答用紙表面の書き取り試験注意事項をよく読んでください。書き取り試験解答欄は裏面にあります。
　この冊子は指示があるまで開かないでください。

◇筆記試験と書き取り・聞き取り試験の双方を受験しないと欠席になります。
◇問題冊子は表紙を含め4ページ、全部で2問題です。

書き取り・聞き取り試験注意事項

1　途中退出はいっさい認めません。
2　書き取り・聞き取り試験は、CD・テープでおこないます。
3　解答用紙の所定欄に、**受験番号**と**氏名**が印刷されていますから、間違いがないか、**確認**してください。
4　CD・テープの指示に従い、中を開いて、日本語の説明をよく読んでください。フランス語で書かれた部分にも目を通しておいてください。
5　解答はすべて別紙の書き取り・聞き取り試験解答用紙の解答欄に、**HBまたはBの黒鉛筆**（シャープペンシルも可）で記入またはマークしてください。
6　問題内容に関する質問はいっさい受けつけません。
7　**携帯電話等の電子機器の電源は必ず切って、かばん等にしまってください。**
8　時計のアラームは使用しないでください。

— 1 —

書き取り試験

注意事項

- フランス語の文章を，次の要領で4回読みます．全文を書き取ってください．
- 1回目，2回目は，ふつうの速さで全文を読みます．内容をよく理解するようにしてください．
- 3回目は，ポーズをおきますから，その間に書き取ってください（句読点も読みます）．
- 最後にもう1回ふつうの速さで全文を読みます．
- 読み終わってから3分後に聞き取り試験に移ります．
- 数を書く場合は，算用数字で書いてかまいません．

〈CDを聞く順番〉 🎧 103 ➡ 103 ➡ 104 ➡ 103

[▶解答 p.126]

聞き取り試験 1

1 注意事項
- まず，男性看護師 Pierre へのインタビューを聞いてください．
- 続いて，それについての5つの質問を読みます．
- もう1回，対話を聞いてください．
- もう1回，5つの質問を読みます．1問ごとにポーズをおきますから，その間に，答えを書いてください．
- それぞれの（　）内に1語入ります．
  答えを書く時間は，1問につき10秒です．
- 最後に，もう1回インタビューを聞いてください．
- 数を記入する場合は，算用数字で書いてください．
  （メモは自由に取ってかまいません）

〈CD を聞く順番〉 🎧 105 ➡ 106 ➡ 105 ➡ 107 ➡ 105

① Il y travaille depuis 2 ans et (　).
② Parce qu'il s'est (　) la (　).
③ Il y en a plus d'une (　).
④ On lui demande souvent de transporter un patient de grande (　) de son lit au fauteuil (　).
⑤ Oui, par exemple, quand il y a des patientes qui (　) être (　) seulement par des infirmières.

解答欄

① _____

② _____ _____

③ _____

④ _____ _____

⑤ _____ _____

[▶解答 p.127]

聞き取り試験 2

2 注意事項
- まず，Françoise の話を 2 回聞いてください．
- 次に，その内容について述べた文 ① 〜 ⑩ を 2 回通して読みます．それぞれの文が話の内容に一致する場合は解答欄の ① に，一致しない場合は ② にマークしてください．
- 最後に，もう 1 回 Françoise の話を聞いてください．
  （メモは自由にとってかまいません）

〈 CD を聞く順番 〉 🎧 108 ➡ 108 ➡ 109 ➡ 109 ➡ 108

解答番号	解答欄	解答番号	解答欄
①	① ②	⑥	① ②
②	① ②	⑦	① ②
③	① ②	⑧	① ②
④	① ②	⑨	① ②
⑤	① ②	⑩	① ②

[▶解答 p.129]

書き取り・聞き取り 模擬試験（2）
書き取り試験

読まれるテキスト

　Il y avait une comédie très *intéressante*[①] au *théâtre*[②] ce soir-là. *Elles y sont donc allées*[③]. Après la fin de la pièce, pour rester ensemble, elles ont décidé de dîner au restaurant. *Elles n'avaient pas réservé de table*[④] et elles sont *parties*[⑤] au hasard, en espérant trouver de la place quelque part. Mais le premier restaurant était complet, le deuxième bien trop cher et *les autres n'acceptaient*[⑥] plus de clients à cette heure tardive. Alors, elles ont acheté *2(deux) paquets de biscuits*[⑦] dans une épicerie *ouverte*[⑧] toute la nuit, et elles *les ont mangés*[⑨] tranquillement en se promenant.

① 形容詞は関係する名詞 comédie に一致します．
② 英語との綴り字の違いに注意しましょう．アクサンも忘れずに．
③ Elles の後リエゾンをしているので主語が複数であることがわかります．過去分詞の一致を忘れずに．
④ 主語はずっと女性複数ですから動詞も3人称複数（大過去）となります．同音の単数形（avait réservé）にしないようにしましょう．table は直目です．この文は否定文ですから冠詞にも気を配ってください．
⑤ 過去分詞は主語（elles）に一致します．
⑥ les と autres のリエゾンから主語が複数だとわかります．動詞の活用形は3人称複数になります．
⑦ 2袋ですから paquet は複数，中に入っている biscuit も複数になります．
⑧ ouvert は épicerie を修飾します．
⑨ les と ont のリエゾンに注意しましょう．les（= deux paquets de biscuits）は直目なので，過去分詞の一致も忘れずに．

訳例

　その晩，劇場ではとても興味深い芝居がかかっていました．そこで彼女たちは劇場に行きました．劇が終わってから，まだ一緒にいたかったので，彼女たちはレストランで食事をすることにしました．事前に席を予約していませんでしたが，どこかに入れることを期待して，特に当てもなく出発しました．しかし最初のレストランは満員で，次のレストランは高すぎて，他のレストランにはこんな遅い時間ではもう入店できませんでした．そこで彼女たちは一晩中開いている食料品店でビスケットを2袋買い，歩きながらゆっくりとそれを食べました．

聞き取り試験 ①

① 「ピエールはどのくらい前からこの病院で働いていますか？」
　💡 最初の応答に対応しています。〈et demi〉は「半分」で，ここでは an を受けて男性単数形にします。

② 「ピエールはなぜ 10 歳のときに入院したのですか？」
　💡 2 番目の応答でこの仕事を選んだ理由を述べるときに説明されています。〈se casser la jambe〉で「足を骨折する」という意味です。

③ 「ピエールの病院には何人の女性看護師がいますか？」
　💡 3 番目の応答に対応しています。infirmiers は sept，では infirmière は何人と言っているでしょうか。

④ 「ピエールはよくどのようなことを頼まれますか？」
　💡 4 番目の答えの後半を聞き取ってください。力仕事の例が説明されています。〈fauteuil roulant〉は「車いす」です。

⑤ 「ピエールはときどき仕事中に苦労を感じることがありますか？」
　💡 インタビューの最後の質問とほぼ同じです。patientes, infirmières がそれぞれ女性形になっていることに気付くと理解しやすいでしょう。

🎧 **読まれるテキスト**

la journaliste : Pierre, vous travaillez dans cet hôpital depuis longtemps ?
Pierre : Non, depuis 2(deux) ans et demi.
la journaliste : Pourquoi avez-vous choisi ce métier ?
Pierre : À l'âge de 10(dix) ans, je me suis cassé la jambe et j'ai été hospitalisé pendant 3(trois) semaines. Là, j'ai rencontré un infirmier très dynamique qui m'a beaucoup encouragé. Alors j'ai commencé à m'intéresser à ce métier.
la journaliste : Sur votre lieu de travail, il y a beaucoup plus de femmes que d'hommes, n'est-ce pas ?
Pierre : Effectivement. Nous sommes 7(sept) infirmiers, tandis qu'il y a plus d'une centaine d'infirmières dans notre hôpital. Nous sommes peu nombreux, mais c'est à peu près la même chose dans les autres hôpitaux.
la journaliste : Quand vous considérez-vous particulièrement utile ?
Pierre : C'est quand je fais un travail qui demande de la force physique. Par exemple, on me demande souvent de transporter un patient de grande taille de son lit au fauteuil roulant.
la journaliste : Y a-t-il aussi des moments difficiles ?

Pierre : Oui, de temps en temps. Par exemple, certaines patientes veulent être soignées seulement par des infirmières. C'est un peu triste mais je comprends leur attitude. Je n'ai qu'à faire de mon mieux.

読まれる質問

① Pierre travaille dans cet hôpital depuis combien de temps ?
② Pourquoi Pierre a-t-il été à l'hôpital quand il avait 10(dix) ans ?
③ Combien d'infirmières y a-t-il dans l'hôpital de Pierre ?
④ Qu'est-ce qu'on demande souvent à Pierre ?
⑤ Pierre a-t-il de temps en temps des difficultés dans son travail ?

訳例

記者： ピエールさん，あなたはこちらの病院でずっと前から働いているのですか？
ピエール：いいえ，2年半前からです．
記者： なぜこの仕事を選んだのですか？
ピエール：10歳のとき私は足を骨折して3週間入院しました．そこで，とても元気なひとりの男性看護師と出会い，大いに勇気付けられました．それでこの仕事に興味を持つようになったのです．
記者： あなたの職場では男性よりも女性の方がかなり人数が多いですよね？
ピエール：その通りです．私たちの病院では男性看護師は7名ですが，女性看護師は100名以上もいます．我々の人数は多くはありませんが，他の病院でもだいたいこんな感じです．
記者： どのようなときに自分は特に役立っていると感じますか？
ピエール：力仕事をするときです．たとえば大柄な患者さんをベッドから車いすに移動してほしいとよく頼まれます．
記者： つらいときもありますか？
ピエール：はい，ときどきあります．たとえば，女性の患者さんの中には女性看護師のみに看護されることを望む方もいらっしゃいます．そういうときは少し悲しいですが患者さんの気持ちもわかります．私はベストを尽くすだけです．

解答

① Il y travaille depuis 2 ans et (**demi**).
② Parce qu'il s'est (**cassé**) la (**jambe**).
③ Il y en a plus d'une (**centaine**).
④ On lui demande souvent de transporter un patient de grande (**taille**) de son lit au fauteuil (**roulant**).
⑤ Oui, par exemple, quand il y a des patientes qui (**veulent**) être (**soignées**) seulement par des infirmières.

聞き取り試験 ②

① 「旅行前，フランソワーズは美術コンクールに参加しました．」
　　☼ je devais préparer …, je ne savais pas du tout quoi peindre. Alors j'ai décidé de の部分です．時間経過に注意しましょう．

② 「フランソワーズは父の車を借りました．」
　　☼ prêter は「貸す」，emprunter は「借りる」です．

③ 「フランソワーズは 7 歳のときこの街に住んでいました．」
　　☼ les six premières années de ma vie をこの街で過ごしたと言っています．

④ 「フランソワーズは子ども時代を過ごした家を見つけました．」
　　☼ notre ancienne maison n'existait plus からわかります．

⑤ 「毎週日曜日，フランソワーズは父親と一緒に植物園に通ったものでした．」
　　☼ chaque dimanche = tous les dimanches です．

⑥ 「植物園はフランソワーズの家から徒歩 15 分のところにありました．」
　　☼ un quart d'heure = quinze minutes です．

⑦ 「フランソワーズの父は散歩の間写真をとっていました．」
　　☼ observer は「観察する」です．

⑧ 「植物園はほとんどいつも満員でした．」
　　☼ il n'y avait pas beaucoup de monde です．

⑨ 「旅行によってフランソワーズは再び絵を描く気力を得ました．」
　　☼ 旅行後に je me suis remise à peindre と言っています．

⑩ 「フランソワーズは父と見た花々をとてもよく覚えていました．」
　　☼ 正誤文の内容は je suis arrivée à reproduire même les petits détails と同じです．

🎧 読まれるテキスト

Je suis étudiante à l'École des Beaux-Arts. Le mois dernier, je devais préparer un tableau pour participer à un concours artistique. Mais assise devant la toile, je ne savais pas du tout quoi peindre. Alors j'ai décidé de faire un petit voyage pour me changer les idées. Mon père m'a prêté sa voiture et je suis partie pour ma ville natale. J'y avais passé les 6(six) premières années de ma vie.

À mon arrivée, je me suis rendu compte que notre ancienne maison n'existait plus. Par contre, j'ai reconnu le jardin botanique que je fréquentais avec mon père. Chaque dimanche, nous faisions un quart d'heure de marche pour nous y rendre. Mon père qui aimait la nature observait les arbres et les fleurs et moi, je les dessinais. La plupart du temps, il n'y avait pas beaucoup de monde. Nous nous promenions lentement en nous prenant par la main. C'était calme et agréable.

Le souvenir de mon enfance m'a comblée de bonheur. Après ce voyage, je me suis remise à peindre. L'idée m'est venue de représenter les fleurs que j'avais vues

解答・ヒントと解説

avec mon père. Je suis arrivée à reproduire même les petits détails sans problème et j'ai achevé mon tableau avec une rapidité surprenante.

🎧 109 **読まれる内容について述べた文**

① Avant le voyage, Françoise a participé à un concours artistique.
② Françoise a emprunté la voiture de son père.
③ Françoise habitait dans cette ville quand elle avait 7(sept) ans.
④ Françoise a reconnu la maison où elle avait passé son enfance.
⑤ Tous les dimanches, Françoise fréquentait le jardin botanique avec son père.
⑥ Le jardin botanique était à 15(quinze) minutes à pied de chez Françoise.
⑦ Le père de Françoise prenait des photos pendant la promenade.
⑧ Le jardin botanique était presque toujours plein de monde.
⑨ Le voyage a redonné à Françoise l'envie de peindre.
⑩ Françoise se souvenait très bien des fleurs qu'elle avait vues avec son père.

訳例

私は美術学校の学生です．先月私は美術コンクールに参加するため絵を描かなくてはなりませんでした．しかしカンバスの前に座り，何を描いたらいいのかまったくわからずにいました．そこで気分転換をするために小旅行をすることにしました．父が車を貸してくれ，私は生まれ故郷に出発しました．私はこの街で生まれてからの6年間を過ごしました．

街に到着すると，私たちが住んでいた昔の家はなくなっていることに気づきました．しかし私は父とよく通った植物園を見つけました．毎週日曜日私たちは15分歩いてそこに行きました．自然が好きな父は木や植物を観察し，私はそれらの絵を描いていました．ほとんどいつもあまり人はいませんでした．私たちは手をつないでゆっくり歩いたものでした．静かで快適でした．

子ども時代の思い出は私を幸せな気持ちでいっぱいにしました．この旅行の後私は再び絵を描き始めました．私は父と見た花々を描こうと思いついたのです．私は細々した細部まで難なく再現することができ，驚くような速さで絵を仕上げました．

解答

① ②   ② ①   ③ ②   ④ ②   ⑤ ①   ⑥ ①   ⑦ ②   ⑧ ②   ⑨ ①   ⑩ ①

仏検対策
聴く力 演習　2級
[MP3 CD-ROM 付]

2016 年 12 月 5 日　初版 1 刷発行

著者	田辺　保子
	西部　由里子
仏語校閲者	ロランス・ベルナール＝ミルティル
ナレーション	フィリップ・ジョルディ
	ロランス・ベルナール＝ミルティル
DTP	ユーピー工芸
印刷・製本	精文堂印刷株式会社
MP3 CD-ROM 制作	株式会社 中録新社
発行	株式会社 駿河台出版社
	〒101-0062 東京都千代田区神田駿河台 3-7
	TEL 03-3291-1676 ／ FAX 03-3291-1675
	http://www.e-surugadai.com
発行人	井田　洋二

許可なしに転載、複製することを禁じます。落丁本、乱丁本はお取り替えいたします。

© Yasuko TANABE・Yuriko NISHIBE 2016　Printed in Japan
ISBN 978-4-411-80137-1　C0085

JCOPY ＜(社)出版者著作権管理機構 委託出版物＞

本書の無断複写は、著作権法上での例外を除き、禁じられています。複写される場合は、そのつど事前に、(社)出版者著作権管理機構（電話 03-3513-6969，FAX 03-3513-6979，e-mail: info@jcopy.or.jp）の許諾を得てください。